I0166896

CAMINEMOS A JERUSALÉN

IGLESIA LEVÁNTATE Y CAMINEMOS A JERUSALÉN

Rodríguez, Marisela
Caminemos a Jerusalén: Iglesia Levántate y Caminemos a Jerusalén /
Marisela Rodríguez; edición literaria a cargo de Luis Pedro Videla -
1ª ed. - Ciudad Autónoma de Buenos Aires: Deauno.com, 2016.
134 p.; 21 x 15 cm.

ISBN 978-987-680-121-8

1. Religión . 2. Cristianismo. I. Videla, Luis Pedro , ed. Lit. II. Título.

CDD 230

Queda rigurosamente prohibida, sin la autorización escrita de los titulares
del copyright, bajo las sanciones establecidas por las leyes, la reproducción
total o parcial de esta obra por cualquier medio o procedimiento, compren-
didos la fotocopia y el tratamiento informático.

© 2015, Marisela Rodríguez
© 2016, Deauno.com (de Elaleph.com S.R.L.)
© 2016, Luis Videla, edición literaria

contacto@elaleph.com
http://www.elaleph.com

Para comunicarse con el autor: mm2309@hotmail.com

Primera edición

ISBN 978-987-680-121-8

Hecho el depósito que marca la Ley 11.723

Impreso en el mes de marzo de 2016 en
Bibliográfika, de Voros S.A.
Barzana 1263, Buenos Aires, Argentina

Marisela Rodríguez

Caminemos a Jerusalén

Iglesia Levántate y Caminemos a Jerusalén

deauno.com

CONTENIDO

INTRODUCCIÓN...9

CAMINEMOS A JERUSALÉN..13

JERUSALÉN...15

LA NUEVA JERUSALÉN..23

IGLESIA ARREPIÉNTETE...31

IGLESIA: LEVÁNTATE..35

IGLESIA: RECONOCE LOS JUICIOS DE DIOS........................41

IGLESIA: RECUPERA LO PERDIDO......................................65

IGLESIA: RENUEVA EL PACTO...69

IGLESIA: VUELVE A LOS AYUNOS......................................75

IGLESIA: MANTENTE ALERTA..91

LA VISIÓN...113

ACERCA DE LA AUTORA..123

REFERENCIAS...129

Introducción

A través de los años hemos tenido mucha información pero se nos ha hecho difícil entrar o permanecer en la acción, hemos tenido mucha teoría y poca práctica y por consecuencia hemos tardado mucho tiempo en poder llegar al propósito de Dios para cada uno de nosotros. Inclusive hay muchos que han muerto sin ni siquiera haber conocido la razón por la cual y para la cual fueron creados.

Dios no solo elaboró la creación, sino que también lo hizo con propósito. Todo lo que Dios creó lo creo por un propósito y para un propósito y el ser humano no es la diferencia.

Tal vez la razón por la cual tanta gente anda perdida no es que rechaza el propósito de Dios, sino que muchos a pesar de que creen en la existencia de Dios no saben, no conocen, ni entienden a Dios ni el propósito por y para el cual fueron creados, mucho menos cómo lograr que se cumpla.

Existen otros que andan desorientados porque aunque creen en Dios y quisieran hacer Su voluntad, no la conocen y se dejan llevar por la corriente, hacen lo que ven y aprenden, sin tener conciencia de La Verdad de Dios.

Otros, que si conocen la voluntad de Dios parcialmente o completamente, luchan cada día por hacerla, pero su buen deseo siempre está manchado por el fracaso, la mediocridad y el pecado. Estos solo pueden lograr pequeñas cosas pero en sus vidas no hay cambios, no hay crecimiento, se cansan, se rinden, siempre están en la misma condición.

Están los que alcanzan fama y fortuna o nacen con ella pero no logran una vida plena y feliz. **¿Por qué el hombre no alcanza la plenitud de vida si esa es la voluntad de Dios?**

Tal vez la razón es que aunque algunos seres humanos saben muchas cosas acerca de Dios y Su voluntad, no saben cómo hacerla, cómo poder lograr entrar en el propósito de Dios, permanecer en él y llegar a la meta suprema.

Lo más triste de todo es que Cristo pagó un precio por una iglesia que fue llamada para expandir la noticia de salvación, para llevar el conocimiento de Dios al mundo entero, para hacer discípulo, para preparar a los santos en cada generación, pero para esto debían transmitir y guardar todo lo que Jesús les había enseñado y esta es la parte donde la gran mayoría se ha desviado, la iglesia sigue enseñando pero no está viviendo lo que enseña y se las ha arreglado para justificarse y como consecuencia también la enseñanza se ha deteriorado, por lo que el mundo se está perdiendo.

"Caminemos a Jerusalén" tiene como objetivo hacer un llamado a la iglesia a volver al fundamento que Cristo estableció. Si para esto debes reiniciar, solo reconoce humildemente de dónde has caído y permítele al Espíritu Santo llevarte por el proceso de limpieza y restablecimiento que sea necesario. Para que una vez emblanquecido puedas cumplir con la misión encomendada con excelencia conforme el Espíritu Santo te guíe y llevar a otros al conocimiento verdadero de Dios.

Es mejor humillarnos ahora delante de Su presencia que salir avergonzados y desechados el día del Señor.

CAMINEMOS A JERUSALÉN

ANTES QUE nada me gustaría compartir cómo surgió la idea de escribir "Caminemos a Jerusalén" Y ¿Qué Significa? Pero me gustaría que si eres de los que se salta la introducción de los libros, en este momento decidas no hacerlo más y que te devuelvas a leerla, ya que podrías estar perdiendo información valiosa.

El 26 de julio del 2009, un día domingo alrededor de las 12:48pm. Estaba yo en la ciudad de Tampa, FL. USA. En esta hora estaba orando y escuché la voz de Dios que me dijo **"Levántate y Lleva Mi Pueblo a Jerusalén"**. Sabía que era Dios a través del Espíritu Santo quien me hablaba y entendí que me estaba dando una misión.

Luego me dijo párate y escribe lo que te he dicho. La verdad en ese momento no tenía ni idea de lo que Dios quería exactamente que yo hiciera pero de todos modos le dije: Señor, en este momento no sé lo que quieres decir con esto, pero sí puedo declarar que haré lo que me pides, en el nombre de Jesús.

Aunque en ese específico tiempo estaba haciendo otro trabajo para el Señor, comencé a investigar, con la ayuda y la guía del Espíritu Santo, todo lo concerniente a que significaba "Levántate y Lleva Mi Pueblo a Jerusalén". ¿Qué exactamente quería Dios que yo hiciera?

Aparte de eso me intrigaba mucho ¿Cómo haría yo tal cosa? Tomando en cuenta que el pueblo de Dios es bastante grande, no tenía ni idea de cómo podría yo lograr algo así, pero entendí que realmente a mí me era imposible lograrlo, pero que a Dios le era posible hacerlo a través de mí, así que lo primero que hice fue decidir obedecerlo con toda mi mente, mi cuerpo y mi corazón.

JERUSALÉN

JERUSALÉN ES una de las ciudades más antiguas del mundo, también conocida como la ciudad de David y como Sion. Esta ciudad está situada en Israel, la antigua Canaán, en un tiempo solo fue llamada Palestina y actualmente está dividida en Israel y Jordania. Según cuenta la historia esta ciudad fue fundada por Sem y Eber, ancestros de Abraham. También fue conocida como Jebús ya que estuvo habitada por los jebuseos hasta que el rey David la conquistó.

El origen preciso del nombre hebreo (יְ, שׁוּר, ל יְ_ם *Yerus-halayim*) es incierto. Algunos afirman que procede de las palabras hebreas *yeru* (ורי) que significa *casa* y *shalem* o *shalom* (מלשׁ') que significa *paz*, por lo que Jerusalén significaría literalmente **"Casa de Paz"**. Otros dicen que el significado etimológico es "Princesa de la Paz" y Otra interpretación dice que podría hacer referencia a Salem, un antiguo nombre de la ciudad, en los tiempos de Melquisedec. Según el relato bíblico, Melquisedec, un hombre justo, era el rey de Salem, era además sacerdote de Dios y presentó pan y vino a Abraham y lo bendijo y a su vez Abraham le dio diezmo (*Génesis 14:18-20*).

En el 1950 Israel proclamó capital a Jerusalén en la parte oeste, en 1967 después de la guerra de los seis días, la parte este y en 1981 fue declarada capital eterna e indivisible. En la actualidad es considerada una ciudad sagrada por tres de las mayores religiones:

- Los judíos con el **Muro de los Lamentos.**
- Los musulmanes con la **Mezquita y La Cúpula Dorada o Domo de la Roca.**
- Los cristianos con la **Iglesia del Santo Sepulcro** que está ubicada al final de la Vía Dolorosa y muchas otras iglesias más.

Compartamos un poco sobre la trayectoria histórica del pueblo de Israel, pues esta historia es la base de todo.

La Historia del Pueblo de Israel

La historia de los israelitas, el pueblo escogido por Dios para darlo a conocer a las naciones, empezó hace más de 4,000 años con los patriarcas Abraham, su hijo Isaac y su nieto Jacob. Fue a este tercero a quien más tarde Jehová le cambió el nombre y le dio el nuevo nombre de **Israel**, por lo cual a su descendencia, hasta el día de hoy se le llama "el pueblo de Israel" y a la tierra de Canaán, geográficamente hablando, se le da el nombre de Israel.

La Biblia relata cómo Abraham fue llamado a formar un nuevo pueblo con la creencia en Un Dios, **"Jehová"**. Abraham fue guiado por Dios hacia la tierra de Canaán donde él y sus descendientes habitaron hasta que el hambre azotó Canaán. Jacob o Israel, sus hijos y sus familias (el pueblo de Israel) se establecieron en Egipto, por medio de su hijo José, quien llegó a ser segundo en mando en esta nación en esa época. Luego que José murió el pueblo de Israel fue sometido a esclavitud y obligado a trabajo forzado por los egipcios y ahí habitaron por unos cuatrocientos años.

Después de estos cuatrocientos años de esclavitud, los israelitas fueron conducidos a la libertad por Moisés, quien fue elegido por Dios para sacar a Su pueblo de Egipto y retornarlo a la Tierra de Canaán. Durante cuarenta años caminaron por el desierto de Sinaí, donde se formaron como nación y recibieron la Torá o Pentateuco, que componen los primeros cinco libros de La Biblia, que incluyó los Diez Mandamientos y la Ley Mosaica que dio forma a su fe, la creencia en Jehová su Dios. Luego de que su líder Moisés muriera y el pueblo quedara a cargo del sucesor Josué, el pueblo finalmente logró llegar y poseer la tierra prometida, "Canaán".

Durante los siguientes dos siglos, los israelitas conquistaron gran parte de la Tierra y dividieron el terreno entre los descendiente de once de los hijos de Israel, ya que aunque eran doce a la descendencia de **Levi**, su tercer hijo con Lea, su primer esposa, no le toco de la repartición ya que Dios escogió a los levitas o descendientes de Levi para que le sirvieran como representantes, para administrar en el nombre de Jehová para siempre (*Deuteronomio 18:1-8*). Finalmente las tribus de Israel quedaron en doce ya que a los hijos de José, les tocaron terreno por separado.

De esta manera se formaron las 12 tribus de Israel:

- 1. **Rubén**; 2. **Simeón**; 3. **Judá**, 4. **Isacar**; 5-**Zabulón** hijos de Lea;
- 6. **Dan**; 7. **Neftalí**, hijos de Bilha sierva de Raquel;
- 8. **Gad**; 9. **Aser**, hijos de Zilpa sierva de Lea;

- 10. **Efraín**; 11. **Manasés**, hijos de José, hijo de Raquel y
- 12. **Benjamin** hijo de Raquel.

Durante un tiempo se logró un cierto nivel de paz en Israel, pero esta fue interrumpida por tiempos de guerra en los que el pueblo fue dirigido por líderes conocido como los jueces y luego los reyes. Entre los **jueces** recordamos particularmente las historias bíblicas de **Débora**, **Gedeón**, **Jefté**, **Sansón** y el profeta **Samuel**. Entre los **reyes** recordamos especialmente el primer rey, **Saúl**. Este cubrió el período entre la pérdida de la organización de los jueces y el establecimiento de una monarquía eterna por parte de la simiente de su sucesor, David.

El rey **David** convirtió a Israel en una importante potencia de la región, venciendo a los filisteos y haciendo alianzas con los reinos vecinos, logró la paz y unió a las doce tribus de Israel en un solo reino.

Su hijo Salomón, el rey sabio, extendió la ciudad, amplió las murallas y construyó el Templo de Jerusalén en el Monte Moriat, lugar donde Abraham iba a sacrificar a su hijo Isaac y donde dos mil años más tarde Dios sacrificó a Su Único Hijo Jesús en el área llamada El Gólgota o La Calavera. Actualmente en este lugar se encuentra la Cúpula Dorada de los musulmanes, pero los israelitas esperan el día en que Jehová les entregue este Monte, pero no están esperando con los brazos cruzados, sino que están edificando el Templo por piezas para cuando llegue el momento poder armarlo en solo cuestiones de días. Si visitas el Museo de Jerusalén podrás apreciar la mayoría de las piezas originales que serán usadas para el nuevo templo, inclusive la vestimenta de los sacerdotes.

Después de la muerte de Salomón, Israel se dividió en dos reinos, **Israel** y **Judá,** siendo Judá el reino del Sur, compuesto por las tribus de Judá y Benjamín, y siendo Israel el reino del Norte, compuesto por las diez tribus restantes. Tras la separación de Israel y Judá en el 922 a.c. Samaria se convirtió en la capital de Israel, mientras que Jerusalén pasó a ser la capital del reino de Judá, siguiendo así una sucesión de reyes en cada reino hasta que fuerzas invasoras llevaron al exilio a ambos reinos en tiempos diferentes.

Haciendo una cronología rápida podemos ver que desde el período de la caída de Israel hasta el renacimiento de La Nación de Israel en la Tierra Santa en el año 1948, esta ha sido tomada diez veces:

- 1. **Babilonia**: desde la caída de Israel hasta la destrucción del primer Templo (722-587 a. C).
- 2. **Persia**: desde el exilio babilónico hasta el regreso (587-332 a. C).
- 3. **Grecia**: periodo helenístico (332-165 a. C).
- 4. Período **Asmoneo** (165-63 a. C).
- 5. Período **Romano**: nacimiento del cristianismo (63 a. C-324 d. C).
- 6. Período **Bizantino** (324-640 d. C).
- 7. Período **Árabe** (640-1069 d. C).
- 8. Período de los **Cruzados** (1099-1291 d. C).
- 9. Período **Mameluco** (1291-1516 d. C).
- 10. Período **Otomano** (1516-1917 d. C).

El reino de Judá

(Reino del Sur)

El reino de Judá, atravesó por distintas etapas de dominación extranjera, primero bajo la influencia de **los asirios**, que sometieron al reino de Judá al pago de tributo, y luego directamente por **los babilonios** y su rey Nabucodonosor (597-546 a. C.) que tomaron y arrasaron la ciudad, destituyendo al último rey, desterrando a los príncipes y la clase dirigente a Babilonia y destruyendo el Templo de Jerusalén, en julio del 587 a. C. Y así estuvieron por 70 años. Esta historia la podemos recordar en los libros bíblicos de los profetas Jeremías y Daniel.

En el año 537 a.C. el rey persa Ciro II El Grande conquistó el Imperio babilónico y permitió el regreso de las comunidades judías deportadas, a la provincia de Judá; éstas regresaron a Jerusalén y reconstruyeron la ciudad y el Templo. Esta historia la podemos recordar en los libros bíblicos de Esdras y Nehemías.

En 332 a. C. Alejandro Magno conquistó el Imperio Persa y la ciudad no sufrió destrucciones. A la muerte de Alejandro, Judá o Judea y Jerusalén pasaron a formar parte del Imperio Seléucida (312-130 a.C.). En este tiempo, bajo el gobierno de **los asmoneos**, los judíos tuvieron un periodo de relativa independencia.

Luego fue conquistada, junto con todo el reino, por **las tropas romanas** de Pompeyo en el 64 a.C después de derrotar lo que quedaba del Imperio Seléucida. Después de esto Jerusalén, junto con toda la humanidad, comienza una nueva época con el nacimiento de **Jesús**, el Hijo de Dios, el

Mesías prometido por Jehová para traer salvación al pueblo de Israel y a toda la humanidad.

En esta trayectoria de dos mil años el pueblo de Israel ha sufrido una serie de persecuciones y muerte, han sido esparcidos por todas las naciones, y sus terrenos fueron ocupados por los gentiles (personas no judías), períodos ya mencionados antes. Cumpliéndose así las profecías (*Ezequiel 11:1-25*).

En 1948 Israel fue declarada nuevamente una nación y entre el 5 y 10 de junio del 1967 Jerusalén y otras partes del territorio israelís fueron conquistaos. Aunque el área del Templo aún está siendo gobernada por los musulmanes, sabemos por las escrituras que Dios ha cumplido Su promesa de reunirlos nuevamente, perdonarlos y restaurarlos. Y confiamos plenamente que **la Jerusalén física será restaurada,** será entregada totalmente al pueblo escogido de Dios y El Templo será construido nuevamente en el Monte Moriat.

Pero esto no es todo ya que mientras una parte del pueblo judío espera el día de su total restauración, hay otra parte que junto a los cristianos gentiles esperan una Jerusalén espiritual.

Luego de la vida, muerte, resurrección y la ascensión al cielo de Jesús, Jerusalén más que un lugar geográfico se ha convertido en la esperanza de los cristianos, ya que la fe en Cristo nos apunta a un sentido espiritual a la Jerusalén celestial **"La Nueva Jerusalén".**

LA NUEVA JERUSALÉN

CON EL nacimiento de Cristo se inicia una nueva era que da lugar al inicio del establecimiento del reino de Dios en la tierra. Esta etapa de la historia humana se caracteriza por la gracia que Dios ha otorgado al mundo. La cual establece que todo el que reciba y crea en Su Hijo recibirá la salvación, el regalo de vida eterna.

Pero aparte de este regalo de vida eterna, en este periodo, Dios le da la oportunidad al hombre de adorarlo en espíritu y verdad, de servirle voluntariamente en Sus propósitos y de adquirir el regalo supremo, el privilegio de morar en una ciudad que en este momento está siendo preparada para todos los que le sirvan fielmente (*Juan 14:2-3*).

La Nueva Jerusalén o La Ciudad Santa, está siendo preparada en el reino de los cielos y es hasta allá que debemos llegar para entrar en ella. Primero debemos subir como la novia y luego bajaremos como la esposa del Cordero (*Apocalipsis 21:9*), para gobernar eternamente con Cristo, el Esposo. Algún día el reino de los cielos será instaurado en la tierra plenamente y La Nueva Jerusalén descenderá (*Apocalipsis 21:10*),

Los escogidos serán los moradores de la Nueva Jerusalén, estas serán personas fieles, seleccionadas por Dios para gobernar con Cristo sobre la tierra (*Apocalipsis 5:10*). Estas personas al igual que Jesús, quien siendo hombre fue probado en todo y fue fiel hasta la muerte, también ellos vencerán, serán fieles hasta la muerte (*2 Timoteo 2:12*).

Pero antes de subir debemos conocer la naturaleza del reino de los cielos y de La Nueva Jerusalén con el fin de que seamos enteramente transformado para poder entrar y morar en la Ciudad Santa.

El reino de los cielos es el gobierno real de Dios, es la soberanía divina sobre todo lo que Él ha creado. Jehová es el dueño y gobernador absoluto de los cielos, la tierra y todo lo que en ellos hay. Él tiene toda autoridad y poder sobre Su creación, Él realiza Su gobierno mediante Su voluntad, Su Palabra y Sus Obras, Él diseña, decide, ordena, crea y Sus obras muestran Su gloria y Su poder.

Dios otorga poder y autoridad a quienes Él quiere, porque Su voluntad, Su Palabra y Sus obras son admirables y justas, además Jehová es Santo y todos Sus atributos son perfectos.

El reino de los cielos como su nombre lo dice es el gobierno de Dios en las esferas celestiales. En este reino no existe la contaminación, la corrupción, ni nada que no sea santo y perfecto. Nadie puede penetrar a este espacio a menos que Dios no los haya hecho renacer para recibir una herencia incorruptible a través de la resurrección de Cristo (*1 Pedro 1:3-4*).

Es la voluntad de Dios instaurar su reino perfecto en la tierra y que el hombre lo habite, pero le está dando una oportunidad al hombre de reconsiderar su mal camino y les está haciendo un llamado a ser santos a través del evangelio del reino.

Sabemos que el Evangelio del Reino son las buenas nuevas noticias de salvación, la cual predijeron los profetas de la antigüedad (*Isaías 61:1-3*). Palabras que tuvieron cumplimiento en Cristo (*Lucas 4:18-21*).

El nacimiento virginal de Jesús, Su vida perfecta y ejemplar, Su ministerio exhortando al hombre al arrepentimiento, Su muerte como precio para perdón de pecados, Su resurrección como garantía de vida eterna, Su ascensión al cielo para interceder por los que creen en Él y la llegada del Espíritu Santo para la regeneración del hombre, son muestras anticipadas del misterio que envuelve el reino de los cielos.

La instauración de este reino se está desarrollando de forma progresiva, está siendo revelado, creciendo y expandiéndose en la tierra hasta llegar a la plenitud de su establecimiento eterno.

Como ya sabemos Jehová ha escogido un Rey, Jesucristo, que junto a los escogidos gobernará la tierra eternamente. Jesús será un rey justo y perfecto. Él reinará sobre los seres humanos con amor, justicia y compasión, derramará abundantes bendiciones, la humanidad será prospera y vivirá feliz y en paz para siempre.

El reino de los cielos ya está entre nosotros (*Lucas 17:21*). Actualmente está gobernando espiritualmente sobre la iglesia (*Colosenses 1:13*). **La iglesia** es la novia del Cordero, son aquellos que por fe han aceptado el evangelio del reino, se han arrepentido de su mal camino, han recibido la salvación y el perdón de sus pecados, por lo tanto:

- Han sido reconciliados con Dios.
- Han sido adoptado como hijos de Dios.
- Han recibido la promesa del Espíritu Santo.
- Han aceptado ser parte de la obra misionera de predicar el evangelio del reino de Cristo.
- Han creído la promesa de resurrección para vida eterna, de restauración plena, de herencias en el cielo y esperan el regreso de Jesús para el cumplimiento de las promesas de Dios.

A medida que la iglesia va siendo preparada y transformada para el día de las bodas del Cordero, también va expandiendo el reino de los cielos en la tierra, haciendo a otros discípulos de Cristo, hasta la consumación final, donde en el futuro Jesús regresará y gobernará visiblemente sobre todas las naciones eternamente y para siempre (*Daniel 2:44*).

La entrada al reino es a través de **Un Nuevo Nacimiento** (*Juan 3: 3*). Todo aquel que crea en el evangelio de Cristo y lo reciba como su Señor y Salvador desde ahora y para siempre, será salvo (*Romanos 10:9*).

Cuando vienes a Cristo con un corazón sincero y arrepentido, cuando reconoces humildemente que la forma cómo has conducido tu vida solo te ha hecho daño a ti, a los que dependen de ti y a los que te rodean y decides comenzar de nuevo, Dios te otorga el perdón de tus malas acciones pasadas, Él las borra y las olvida y comienza desde cero contigo (*2 Corintios 5:17*).

Una vez que eres salvo, tu nuevo nacimiento queda simbolizado con el bautismo, **naces del agua** (*Juan 3:5*). Cuando eres sumergido en las aguas se establece que el antiguo hombre quedó sepultado y que en su lugar nace una nueva criatura. Tu relación con Dios queda restaurada, resucitas de la muerte espiritual en la que estabas, **naces del Espíritu** y te conviertes en un templo donde Dios viene a morar (*2 Corintios 6: 16*), lo que permite que Él obre en ti y a través de ti.

Será necesario que seas bautizado por Espíritu Santo, ya que este te dará poder para que los propósitos de Dios se cumplan en tu vida.

Una vez que naces de nuevo, Dios comienza a darte crecimiento, comienzas a **Crecer**, con el propósito de que vuelvas a ser ese ser perfecto que Él creó. Tu nuevo ser ira desarrollando el fruto del Espíritu y esto dará como resultado final tu imagen y semejanza con Cristo (*Romanos 8:29*).

- Deberás abandonar la antigua forma de vida y permitirle al Espíritu Santo que te reforme poco a poco, que renueve tu mente a través del conocimiento y el entendimiento de la verdad.
- Deberás abandonar el pecado, el orgullo, el egoísmo y todo deseo, pensamiento y acciones pecaminosas e incorrectas del pasado y comenzar a vivir de forma prudente.
- Deberás crecer en amor, gozo, paciencia, paz, armonía, bondad, benignidad, misericordia, justicia, verdad, fe, fortaleza, templanza, mansedumbre y sabiduría.

- Deberás **Madurar** hasta convertirte en un **discípulo fiel** y ejemplar.
- -Deberás crecer en la obra (*1 Corintios 15:50*).

Después del nuevo nacimiento, durante el proceso de crecimiento hasta la madures como ser y como siervo y hasta el final de esta vida debes mantenerte firme y fiel a Dios **¡Fiel hasta la muerte!**

Será necesaria tu fe en lo que Dios dice en Su Palabra, por lo que debemos tener conocimiento de ella y acerca de la verdad que en ella hay, de manera que puedas tomar decisiones correctas que te lleven a estar firme y a entrar a La Nueva Jerusalén.

Pero **¿Qué está pasando con la iglesia de Cristo en este tiempo?**

La iglesia, la desposada, la cual fue llamada y escogida para ser esposa del cordero, La Gran Ciudad Santa, La Nueva Jerusalén se ha descarriado de su camino, se ha vuelto fornicaria y adultera, ha puesto ídolos en su corazón, se ha extraviado de la verdad y enseñando así a otros.

Dios ha determinado los tiempos y ha decidido que todo aquel que decida seguir viviendo bajo el consejo y las enseñanzas de Satanás será destruido.

Es la voluntad de Dios que escuches Su voz y te arrepientas, pero no te obligará. Él quiere relacionarse contigo de manera voluntaria y sincera de tu parte, por lo tanto aunque Dios anhele profundamente tener una relación personal contigo será tu decisión y determinación que establecerá tu reconciliación con Él.

Iglesia es tiempo de que recuerdes de dónde has caído y te arrepientas. El Señor está a la puerta y llama; si oyes Su voz y no endureces tu corazón, si lo escuchas y abres, Él entrará en tu casa y cenará contigo.

IGLESIA ARREPIÉNTETE

ARREPENTIRSE: EN el antiguo testamento se usaron dos palabras hebreas, "nakjám" y "shub", que equivalen al término "arrepentirse". Concordancia Strong 5162. נחם - "nakjám" significa: respirar fuertemente; lamentarse; arrepentirse; pesar; mover; misericordia; compasión; consolar.

Esta palabra se aplicaba regularmente a Dios, para referirse a que Dios se arrepintió del mal propuesto, como la maldad y el juicio al hombre (*Génesis 6:1-8*). Esto no quiere decir de ninguna manera que Dios sea inconstante o arbitrario, sino que la relación de Dios con el hombre cambia. Cuando el hombre se aleja voluntariamente de la dirección y el cuidado de Dios, surgen consecuencias determinadas por Dios como producto de sus decisiones incorrectas.

Si la persona se arrepiente sinceramente de su mal camino y se vuelve nuevamente a Dios, será recibido con amor y misericordia, y el juicio que había sido establecido queda anulado (*Jonás 3:10*). Es importante entender que el juicio determinado por Dios no es rencoroso, sino más bien es con el propósito de hacer que el hombre se arrepienta de hacer el mal (*Oseas 6:1-3*).

Concordancia Strong 7725. "Shub" significa: volverse al punto de partida; apartar; arrepentirse; cambiar; cesar; convertir; desistir; enderezar; volver, etc. Esta palabra se aplica al llamado al arrepentimiento.

En el Nuevo Testamento se usaron las palabras griegas "metánoia" y "metamelomai", que equivalen al término arrepentimiento. Concordancia Strong (3341), μετάνοια - "metánoia" significa: compunción por culpa; reversión de la decisión; arrepentimiento; arrepentirse.

En el Diccionario Secular, arrepentimiento se define como el sentimiento de la persona que se arrepiente de algo. Viene de la palabra arrepentirse que quiere decir, sentir alguien pesar por haber hecho o dejado de hacer algo.

En el Diccionario bíblico, arrepentimiento se define como el cambio de opinión; giro total en el modo de pensar o a la decisión de cambio que acompaña el darse cuenta de que se ha obrado mal.

En sentido bíblico significa:

- Una profunda y total conversión a Dios.
- Volverse a Dios de manera radical.
- Reconocer a Dios como lo más importante de la existencia de la persona.

Este es el llamado al arrepentimiento del cual Juan el Bautista comenzó a predicar, luego Jesús, los discípulos y en la actualidad la iglesia de Cristo es la responsable de seguir expandiendo este llamado. Este **es un llamado para que el hombre se vuelva a Dios, que se arrepienta de su mal camino y vuelva a ponerse bajo la guía, la dependencia**

y el cuidado de Dios (*2 Crónicas 7:14*). Con el propósito amoroso de Dios de regalar la salvación para vida eterna a todo el mundo y preparar a los que gobernaran con Cristo. Pasos Para el Arrepentimiento:

1. Reconocer, Renunciar y Abandonar la conducta errónea.
2. Sentir dolor, pesar y tristeza por los pecados cometidos.
3. Confesar verbalmente la decisión de reconciliarse con Dios a través de Cristo.
4. Trabajar sobre sí mismo y no pecar más.
5. Si pasa por la misma situación que lo llevó al pecado o a la mala conducta, pasar la prueba al vencer la tentación.

Así como en el tiempo antiguo el pueblo de Israel fue el elegido para dar a conocer a Dios, en este tiempo la iglesia es la encargada de llevar al mundo a este arrepentimiento a través de la predicación del evangelio, pero de la misma forma que el pueblo de Israel cayó así ha caído la iglesia y este es el tiempo donde el Señor le está haciendo un llamado a levantarse.

IGLESIA: LEVÁNTATE

LAS SIETE condiciones de la iglesia

1. Los que están **Muertos**: Estos son los que están muertos espiritualmente, hacen creer que todo lo que hacen es en obediencia a Dios, pero no es cierto, realmente están espiritualmente separados de Dios. Estos hacen algunas cosas bien, pero no realmente lo que quiere Dios. Hacen todo de forma mecánica, se dejan guiar por lo que otros hacen, viven de apariencia siempre preocupados por agradar el ojo del hombre y solo imitan lo que ven y oyen convirtiéndose así en grandes religiosos con mucho orgullo de todo lo que hacen.

Por lo tanto el Señor los llama a arrepentirse, a levantarse, a esforzarse en hacer mejor las cosas, a recordar lo que el Señor les ha enseñado, a obedecerlo genuinamente y a tener una relación real con Él para que sus acciones den frutos genuinos y su transformación sea autentica. De lo contrario su juicio vendrá sobre ellos cuando menos lo esperen.

2. Los **Tibios**: Estos son personas que no han sido regeneradas, que pertenecen a una religión pero realmente no han nacido de Dios (*Juan 3:9*), no son verdaderos cristianos

pues no han vencido al mundo (*1 Juan 5:4*), estos tampoco obedecen completamente (*Juan 10:27*), son ambivalentes, nadan en dos aguas, se dicen ser ricos, son orgullosos, aparentan ser espirituales, creen que están bien en todo, que no necesitan nada, pero en realidad están ciegos, son infelices, miserables y están desnudos.

Por lo tanto el Señor los llama a aceptar la ropa que Él les da para que se cubran con ella, a aceptar las gotas medicinales para sus ojos para que puedan ver, a buscar en Él la verdadera riqueza, pues lo que Dios da es de mucho valor, como el oro refinado por el fuego. De lo contrario pasarán la vergüenza de que todos sepan que no tienen ninguna cobertura, que realmente están desnudos. Recuerden que Dios reprende y corrige a los que ama, por lo tanto vuélvanse a Dios y obedézcanlo completamente.

3. Los **Fríos**: Estos son cristianos que se esfuerzan por obedecer al Señor y no se han cansado de hacerlo, los que han sufrido mucho, han soportado y esperado con mucha paciencia, han rechazado el mal, han tenido cuidado de los farsantes, pero las dificultades los ha llevado a abandonar el primer amor, ya no aman a Dios como en el principio. Han caído en el desánimo y la rutina, ya sus reuniones no son alegres, sino más bien quieren terminar rápido para partir a sus casas, lo hacen más por cumplir con los requisitos implantados que por amor a Dios.

Por lo tanto el Señor los llama a recordar cómo eran al principio, a revisar si ya no lo aman como lo amaban antes y a retornar a ese amor genuino que les mostraban. De lo contrario recibirán Su castigo y la luz del Señor no les alumbrará más.

4. Los que están **Cómodos**: Estos son los que se conforman al siglo, buscan donde sentirse bien y se acondicionan para encajar bien en el lugar que creen conveniente, dicen verdades solo en formas chistosas para no ofender y perder el favor de los demás, evitan los sacrificios, no ayunan, siempre quieren que otros oren por ellos, su obediencia depende de su conveniencia y gusto, no son fieles, no tienen responsabilidad, enseñan solo lo que no afecta sus intereses personales, son positivistas, se esconden detrás del amor y la gracia para no corregir, son los que se dicen ser cristianos y aunque si confían en Dios, aun así viven en idolatría y sus enseñanzas son falsas, pues enseñan a adorar dioses falsos y permiten cosas que no conviene.

Por lo tanto el Señor los llama a arrepentirse y a obedecer Su Palabra. De lo contrario vendrá pronto y con el poder de Su Palabra castigará tanto a los que enseñan mal como a los que lo siguen.

5. Los **Corruptos**: Estos son los que a pesar de que aman a Dios, confían en Él y son muy serviciales, se han desviado de la verdad por causa de la avaricia, estos solapan la idolatría, se hacen ciegos ante el pecado, roban, engañan, aceptan soborno, enseñan mal, administran mal y negocian los dones.

Por lo tanto el Señor los llama a arrepentirse, a confiar firmemente en Él y a la obediencia hasta que Él regrese, pues Dios conoce sus pensamientos y deseos. De lo contrario el Señor les dará el castigo que merecen sus malas acciones, vendrán enfermedades a los que enseñan mal y muerte a los que obedecen las falsas enseñanzas y siguen creyendo en dioses falsos.

6. Los que son **Perseguidos, Blasfemados** y **Atribulados:** Estos son los que están pasando por conflictos, apuros, escases, carencias, problemas, contrariedades, los que aunque espiritualmente ricos, monetariamente son pobres, estos son lo que han tenido que soportar las blasfemias, las injurias, las ofensas, el maltrato, insulto, agravio, humillación y abusos de los religiosos que se dicen ser santos pero en realidad son un grupo que pertenece a Satanás. Estos han soportado en silencio confiando y obedeciendo a Dios.

Por lo tanto el Señor les dice no tengan miedo de lo que van a sufrir. Es cierto que Satanás encarcelará a algunos, pero solo será para que demuestren si de verdad confían en el Señor. También es cierto que durante un tiempo tendrán muchas dificultades, pero si triunfan sobre las dificultades y confían en el Señor hasta la muerte, jamás serán separados de Dios y Él les dará la vida eterna.

7. Los **Fieles**: Estos son el pequeño remanente que no ha torcido la verdad, no han caído en idolatría ni ganancias deshonestas, son unos pocos que no han hecho ni tolerado lo malo, están triunfando sobre las dificultades y han mantenido su amor y confianza en el Señor.

Por lo tanto el Señor les asegura que si se mantienen haciendo así hasta el final resucitarán para vida eterna, andarán con Él vestidos de blanco, como símbolo de victoria y santidad. El Señor les dará como señal la estrella de la mañana, les dará de comer del mana escondido, el alimento que viene del cielo y del fruto del árbol de la vida que está en el jardín de Dios.

Si obedecen siempre al Señor les dará poder sobre los países del mundo así como Dios Padre le dio a Él y gobernarán esos países, reinarán con el Señor de la misma forma que Él ha vencido y está reinando con Su Padre. Sus nombres no serán borrados del libro de la vida, sino que sobre estos será escrito el nombre de Dios y el de la ciudad de Dios **"La Nueva Jerusalén"** y serán reconocidos delante de Dios y de los ángeles. El Señor les entregará una piedra blanca con un nombre nuevo que solamente lo conocerán los que reciban la piedra.

¡Dios dará a cada quien lo que merece! Porque Dios es Justo.

IGLESIA: RECONOCE LOS JUICIOS DE DIOS

EL EVANGELIO nos anuncia las buenas nuevas de salvación, esta salvación incluye desde perdón de los pecados para reconciliación con Dios hasta la resurrección para vida eterna. Muchos se han enfocado en estos dos acontecimientos de la vida del hombre, pero han olvidado que en medio de esto está la restauración de todas las cosas, que la restauración incluye acabar con la maldad y que para este acontecimiento están establecidos los juicios perfectos de Dios.

A proclamar el año de la buena voluntad de Jehová, y el día de venganza del Dios nuestro... (*Isaías 61:2*).

Por lo tanto no solo debemos de predicar acerca del amor, la gracia, la misericordia y la salvación de Dios, sino que es necesario comunicarles a los seres humanos acerca de los juicios de Dios.

No con el propósito de que elijan al Señor por miedo, sino de que conozcan esta verdad y se arrepientan de corazón de todas sus maldades. Para que no perezcan en el día del juicio de Dios, porque Jehová destruirá a todos los que hacen maldad (*Salmos 37:9*), pero a los que se hayan arrepentido y se mantengan fieles los guardará el día de la prueba que ha de venir sobre el mundo entero, para probar los que moran sobre la tierra (*Apocalipsis 3:10*).

Imagínate que tienes una finca y que tienes un sembrado de hermosos, sabrosos y jugosos frutos, pero comienza a crecer mala hierba y quieren ahogar tus frutos ¿Qué le harías tú a esa mala hierba?

No tienes que responderme, sé que la arrancarías de raíz, la quemarías y estuvieras bien pendiente cuidando tu finca para que ni hierba mala, ni paracitos, ni animales, ni ladrones te la destruyan.

O me vas a decir que dirás: pobre mala hierba me da pena con ella, la dejaré que destruya mi finca. ¡Nooooo! solo una persona que no ama ni valora lo que tiene puede dejar que sea destruido sin importarle ni una cosa ni la otra.

Pero con Dios no es así, Jehová creó todo bueno, lo creo con amor y para Su gloria. El Señor no quiere que nadie perezca, sino que Él quiere que el mundo sepa que por causa de la maldad Él ha establecido Sus juicios, pero que antes de que esos juicios se lleven a cabo Él les está dando la oportunidad de que se arrepientan de sus malos actos.

Escuché a un pastor decir que nuestra misión no era predicar de amor y gracia, que era predicar de las buenas nuevas de salvación (El Evangelio), pero entonces tendríamos que invalidar muchos otros versos bíblicos que hablan del carácter de Dios en otros aspectos que no son solo salvación pero que están ligados de forma inherente, no se pueden separar pues Dios Uno Es.

La vida eterna consiste en que conozcamos a Dios y no solo en un aspecto de Su carácter, sino plenamente y para esto hay que predicar de Su Amor, Gracia, Sabiduría,

Conocimiento, Bondad, Armonía, Belleza, Esplendor, Fundamento, Justicia, Reino y Poder.

La salvación es una muestra de sus atributos, pero también lo son: Su Santidad, Su Eternidad, Su Entendimiento, Su luz, Su Grandeza, Su Verdad, Su Misericordia, Su Clemencia, Su Paciencia, Su Perdón, Su Consuelo, Su Fidelidad, Su Inmutabilidad, Su Paz, Su Compasión, Sus Cuidados, Sus Provisiones, Sus Riquezas y Prosperidad.

Dios es todas estas cosas y Él mismo elige a quien usar para mostrar cualquiera de los aspectos o funciones de Su carácter, por eso no debemos criticar ni juzgar el llamado de Dios en la vida de nuestros hermanos.

En estos tiempos se **critica** más que lo que se predica. Siempre estamos haciendo juicio del trabajo de otro, que si este predica de gracia, que si aquel predica de amor, que si el otro predica de prosperidad. Pues te diré, Dios es todo eso y no eres tu quien determina la voluntad de Dios, es Dios quien decide y nosotros haríamos mejor si callamos con respecto a juzgar a los demás y nos dedicamos solamente a obedecer el llamado de Dios en nuestras vidas. Es imposible que Dios te mande a criticar o a difamar a tu hermano.

"Un portador y transmisor de La Palabra de Dios siempre será guiado por el Espíritu Santo a proclamar armoniosamente las escrituras en todo su esplendor divino."

Por lo tanto si me toca hablarte de la Justicia de Dios y de Sus Juicios todos los días de mi vida lo haré sin temor, no cerraré mi boca si es Dios quien me manda, aunque afecte la teología de algunos. Siempre oraré por mis hermanos, pero mi fidelidad es para Jesús.

Así que entérate pueblo de Dios y entérate mundo, Dios te juzgará, y Su juicio será justo y perfecto. No blasfemes el nombre de Dios cuando veas Sus juicios porque Dios no se equivoca ni hace nada incorrecto.

"La tierra será liberada y restaurada para un pueblo que le ha creído a Dios y permanecido fiel."

Así que tú si decidiste creerle no te impacientes a causa de los que hacen maldad, no tengas envidia de lo que ellos consiguen con mentiras y engaños, no te alteres ni te enojes a causa de su falsa prosperidad porque ellos serán destruidos. Tú permanece haciendo el bien en silencio ante tu Dios y confiando en Sus promesas. **Llegará el día en que Sus juicios serán entendidos.**

Tampoco te enojes cuando veas la misericordia de Dios sobre los que se arrepienten de sus maldades pasadas. Recuerda que Dios también tuvo misericordia de ti. Recuerda que a ti también te buscó, te dio una oportunidad, te perdonó, olvidó tus ofensas, te limpió y te ha bendecido grandemente.

Y si tuviste el privilegio de haber nacido en el seno de una familia que está bajo pacto con Dios y por lo tanto Dios te ha guardado, ten cuidado de no enorgullecerte pensando que todo ha sido por tu esfuerzo. Reconoce la gracia de Dios sobre tu vida y no pienses que eres merecedor de todo porque eres fiel.

Estamos viviendo tiempos difíciles y en vez de juzgar a los demás debemos juzgarnos a nosotros mismo. Debemos pedirle a Dios que examine nuestro corazón a ver si hay alguna iniquidad en él, y pedirle con sinceridad y poniendo toda diligencia para que seamos purificados (*Mateo 7:1-5*), serás sabio si le dejas todo juicio a Dios.

Si bien debes de orar para que los juicios de Dios vengan al mundo, debes de hacerlo con un corazón puro. Tus motivos deben ser conforme a la voluntad de Dios de restauración y no producto de tu corazón ofendido, dolido o enojado. Nunca eres tú el que deba establecerlos, deja que Dios sea Dios y tú confía en El.

Nuestras oraciones deben ser de intercesión. Aunque veamos la gran perversión que hay en el mundo, debemos levantarnos en fe e interceder por los que hacen el mal y al mismo tiempo anunciarles el juicio que viene sobre la tierra.

Debemos de entregar nuestra boca al Espíritu Santo, para que a través de la palabra que Él ponga en ella, el mundo sea convencido de pecado. Dios no quiere que nadie perezca, **Dios siempre ofrece Su misericordia antes del juicio**, pero no soportará por mucho tiempo más la maldad de los seres humanos.

Cuando callamos acerca de la Palabra de Dios muchos perecen y es solo por falta de conocimiento y entendimiento. Hay muchas personas que solo necesitan escuchar la verdad de Cristo de la boca de un ungido de Dios para que su alma sea salva.

No es tan solo advertirle mecánicamente para cumplir con tu cuota religiosa que te llevará al cielo. Es hablarle con todo tu corazón, es hablarles con el mismo amor que hay en el corazón de Dios, es insistir en oración e intercesión para que el Espíritu Santo se manifieste a sus vidas.

En una ocasión escuché a un pastor decirle a un hombre: así te dice el Señor, te queda poco tiempo de vida así que entrégale tu vida a Cristo para que no mueras sin salvación. El hombre se negó a recibir al Señor y luego que el pastor le exhortó por segunda vez y este se negó nuevamente; El pastor le dijo: Ya yo cumplí con darte la palabra lo que te pase es tu problema.

Yo me pregunto si esta palabra hubiese sido para el hijo del pastor ¿Qué tanto hubiera insistido este pastor para que su hijo recibiera a Cristo?

Dios no recibe miembros en el reino de los cielos, Dios recibe hijos. Por lo tanto el mismo amor que tú les tienes a tus hijos es el mismo amor que debes tenerle a las almas que Dios quiere salvar. Tú mismo en un tiempo fuiste ciudadano del reino de las tinieblas y Dios no se rindió contigo.

Debemos de levantarnos como pueblo de Dios que somos, como representantes del reino de los cielos, y amonestar con relación a la conducta destructiva de la humanidad y proclamar los juicios de Dios para que naciones enteras sean restauradas, de lo contrario naciones enteras serán destruidas. Ten presente que dije **amonestar y proclamar** no juzgar y condenar.

No solo debemos sentarnos a darle gracias a Dios por nuestra propia salvación, sino que debemos procurar esta salvación para nuestra familia, vecinos, pueblos, naciones para el mundo entero y para esto debemos predicarles (*Romanos 10:14*).

En una ocasión una hermana me dijo: pero si es el Espíritu Santo que convence de pecado ¿para que yo voy a perder el tiempo predicando? Este es uno de los engaños del enemigo, por lo tanto debes de saber, que si bien es cierto que es el Espíritu Santo que convence de pecado, también debes de saber que Él lo hace a través de seres humanos. **Dios escogió la predicación como método de salvación.** *Pues ya que en la sabiduría de Dios, el mundo no conoció a Dios mediante la sabiduría, agradó a Dios salvar a los creyentes por la locura de la predicación* (*1 Corintios 1:21*).

Escucha esto iglesia, el día del juicio llegará, no solo para el mundo, sino para ti también. Si tú procuras andar diariamente en los juicios de Dios y los transmites a los demás, muchos serán salvos y tú también.

Tal vez me dirás: pero yo ya soy salvo, y yo te diré: si, yo también soy salva, pero la salvación de la que hablamos ahora es por fe, pero todavía no ha sido manifestada.

No debemos equivocarnos en pensar que Dios puede ser tentado o burlado, no podemos decir que porque hicimos una confesión de fe ya soy salvo siempre salvo. Cristo no pagó un precio para que sigas viviendo en pecado. El nuevo nacimiento consiste en un nuevo comienzo, una nueva vida, cambios, transformación.

Si dices que eres una nueva criatura y que las cosas viejas ya pasaron y que todas son hechas nuevas, entonces esas cosas viejas que ya pasaron no deben repetirse y las cosas nuevas que van siendo formadas en ti tienen que irse manifestando día a día como la luz de la aurora que va de aumento en aumento hasta que el día es perfecto. Tu transformación a la imagen de Cristo tiene que ir de aumentando hasta que la salvación sea manifestada. Si te mantienes fiel Dios cuidará de ti.

Dios nos hizo renacer para una herencia en los cielos y nos protege con Su poder, pero es necesario que confiemos en Él para que alcancemos la salvación que está preparada para ser manifestada en los últimos tiempos.

Ahora por un poco de tiempo seremos afligidos en diversas pruebas, nuestra fe será examinada como el oro el cual se prueba con fuego, para que cuando Jesús sea manifestado nuestra fe sea hallada en alabanza, gloria y honra, obteniendo el propósito final de nuestra fe, que es la salvación de nuestra alma.

En otras palabras, la confianza que decimos tener en Dios será probada a través de pasar por problemas y dificultades y si pasamos la prueba seremos salvos (*1 Pedro 1: 3-9*).

El Señor dice que no borrará el nombre del libro de la vida de aquellos que se mantengan fieles a pesar de la dificultades (*Apocalipsis 3:5*), ósea quiere decir si viniste al Señor y tu nombre fue inscrito en el libro de la vida pero cuando venga el tiempo de la prueba y las dificultades si no te mantienes fiel y firme a Su Palabra, entonces tu nombre será borrado del libro de la vida y cuando venga el juicio final sobre tu vida tu nombre no se hallará inscrito en el libro de la vida y no resucitarás para vida eterna, sino resucitarás para castigo eterno y serás arrojado en el lago de fuego, el mismo lugar en el que estarás con Satanás y todos lo que hacen maldad (*Apocalipsis 20:11-15*). Debemos perseverar, persistir, seguir y ser fiel hasta el final.

"... mas el que persevere hasta el fin, esté será salvo" (*Mateo 10:22*).

Los Juicios de Dios traen salvación, por esta razón Sus juicios deben ser anunciados, con el entendimiento de que necesariamente el pueblo de Dios será juzgado primero. He sido testigo de cómo la iglesia se ha desviado del propósito de Dios, hay muchos que se han corrompido, han hecho alianza con el mundo, han negociado la salvación, y han disfrazado la verdad. Pero el mundo ya no esta tan ignorante como en otros tiempos.

He visto personas del mundo con más discernimiento y más bondad que la iglesia, estos han podido percibir el **engaño**, la **manipulación** y la **mentira**. Mucha de estas personas se acercan buscando la verdad pero al ver la **corrupción** de la iglesia se alejan y lo más triste es que también se alejan de Dios.

He visto como algunos pequeñitos reciben la revelación de Dios y tratan de ayudar, pero los líderes se creen tan grandes y espirituales que le callan la boca, los **discriminan**. En muchas ocasiones debido a los celos que se apoderan de ellos cuando ven que Dios obra a través de otras personas, los **difaman** y siembran temor y desconfianza hacia ellos con el propósito de que nadie los escuche y así poder mantener el **control** y el **dominio** sobre las almas, muchas veces no lo hacen directamente pero usan la autoridad que les fue dada para mandar a otros a hacer el trabajo sucio, produciendo con esto división en la iglesia, asegurando que lo hacen para proteger la verdad.

He visto muchos que les encanta que les cuenten acerca de los errores de otros con el pretexto de que van a orar, pero el único propósito es hacerse más grandes al manifestar cuan diferentes y superiores son, y no solo no les basta con incitar al **chisme**, sino que motivan a la propagación de él, mostrando con esto realmente la **falta de piedad** y la crueldad de sus corazones.

He visto a muchos iniciar con un **ánimo excesivo** que los hace salirse del dominio propio y del tiempo de Dios. Estos una vez que comienzan a ser atacados por el enemigo **salen huyendo**.

He visto muchos que andan **bajo su propia voluntad** y están al borde de la autodestrucción. Están llenos de ira y amargura y no permiten ser ayudados por nadie. Esta condición me recuerda que en una ocasión en una conferencia, una hermana preguntó: ¿Para qué tengo yo que buscar ayuda de nadie si Dios me puede ayudar? Su pregunta reveló su pobre condición espiritual. Obviamente desconocía que **los dones nos han sido dados con el propósito de ayudarnos unos a otros**.

He visto muchos **sin fundamento** sólido y fijo que andan de iglesia en iglesia, y de doctrina en doctrina, **sin dirección** del Espíritu Santo, solo buscando donde se sienten más cómodos.

"Solo vivir una vida dirigida por el Espíritu Santo podrá engendrar el fruto del Espíritu."

He visto lo **idealistas, desenfocados, ciegos y sordos**, que solo viven de celebración en celebración, para ellos todo el tiempo es de jubileo y victoria, creen que Dios es amor y que no permitirá que nada les pase, han obviado convenientemente que **si Dios nos ha dado armas es porque la necesitaremos**.

He visto a muchos con buenas intenciones, pero **sin guía** y **cobertura** del Espíritu Santo, **obran a destiempo** y solo han causado más problemas. Muchas personas han terminado ofendidas y enojadas, otras heridas o avergonzadas, otros con una revelación que no saben cómo lidiar con ella y solo terminan más confundidos, desalentados, desanimados, condenados, deprimidos y sin fe ni esperanzas.

He visto como muchos han caído en **desanimo, abatimiento, temor, confusión, desesperanza, desaliento, errores** del pasado, **culpabilidad, condenación, vergüenza, desilusiones** y **fracasos**, que los ha vuelto pasivos.

He visto otros que han quedado atrapados en **amarguras, envidias, celos, contiendas** y **divisiones** que se han apoderado de sus almas y esto ha enterrado la verdad del tesoro que esconden dentro, y que podrían ser explotados para la gloria de Dios. Muchos **se han devuelto** y otros **se han detenido**, no han avanzado ni un paso más.

He visto muchos que por años han predicado las más grandes verdades, pero son los más grandes hipócritas, porque **no viven lo que predican.**

He visto los que se promueven más a si mismo que a Cristo. Los que viven en **competencias** y los que hacen muchas **cosas buenas con motivos incorrectos**, sus intenciones no son puras. Unos quieren demostrar todo lo que pueden hacer, especialmente a quienes en el pasado los han menospreciado. Otros hacen cosas por baja estima, por complejos de inferioridad para alcanzar un mayor impulso, mayores victorias, grandes alcances sin considerar realmente la voluntad de Dios.

Otros hacen cosas buenas para justificar las malas y para callar la voz del Espíritu Santo que trata de convencerlos de sus malas acciones. Pero todo lo que hagas para justificarte a ti mismo será obra muerta. Nunca hagas las cosas para compensar tus culpas, hazlas solo por obediencia y arrepentimiento, habiendo recibido el perdón de Dios.

"Solo mirar y buscar a Cristo a través del sacrificio en la cruz y reconocer humildemente la corrupción de tu alma, te justificará."

Tus obras no son la paga por tus culpas, sino la sangre de Cristo derramada en la cruz del calvario, si tal haces entonces no estarás obrando en el Señor ni por el Señor. Inclusive la piedad debe estar sujeta al Espíritu Santo o terminarás creyendo que lo mereces todo a causa de tus obras compasivas. Solo el amor y la obediencia al Señor debe moverte.

También debes tener cuidado con los sacrificios, ya que aunque Dios te ha llamado a obedecer y muchas veces tendrás que sacrificarte para obedecerle, el sacrificio no es el fin en sí, sino la obediencia. Si tu sacrificio no es en obediencia entonces estas tomando una carga que Dios no te ha puesto, que se te hará muy pesada y terminará apartándote de Él.

He visto otros que obran para impactar las naciones y hacer historia, otros por oportunidades políticas y económicas, que al final solo los conduce a la ruina. Si estas son tus motivaciones, tal vez podrás alcanzar las naciones, hacer historia, codearte con los grandes y adquirir muchas posesiones, pero no lograrás impactar la eternidad. Debes trabajar para Cristo llevando la carga, la misión que Él te ha dado y debes trabajar con Cristo en yugo con Él, con Su mentalidad, Su forma de pensar y actuar.

"Solo trabajar para Cristo y con Cristo te llevará a impactar la eternidad."

He visto muchos que por años han profesado su fe en Cristo, han nacido de nuevo, pero sus acciones muestran que **no han crecido** espiritualmente. Unos no han madurado, otros no han llegado a la adolescencia y cantidades apenas si gatean. El mundo que no entiende de las cosas espirituales los ve como falsos cristianos y esto ha hecho mucho daño a la iglesia. Comparativamente hablando muy pocos realmente han llegado a la estatura del varón perfecto para la obra y se han mantenido fiel ya que aún entre estos hay los que después de haber alcanzado esta estatura han sido engañados por el enemigo.

"Solo el amor a Dios y el obrar para gloria de Él podrán mantenerte en el camino de la vida eterna."

He visto a muchos cristianos que usan el nombre de Jesús, pero no lo conocen a Él, solo son seguidores de hombres que se proclaman libres pero realmente son esclavos de la **mentira** y el **egoísmo** y de la misma forma esclavizan a otros. Aunque conozcas verdaderos siervos y trabajes conjuntamente con ellos, debes desarrollar tu propia y verdadera relación personal e individual con Dios a través de Cristo.

"Tu vida solo será transformada cuando tengas una comunión genuina con Dios."

He visto como los pocos que si han alcanzado la estatura del varón perfecto para la obra, que si están haciendo la voluntad de Dios y están firmes en el Señor, están siendo atacados por el mundo y por los **inmaduros** o envidiosos que están en las iglesias.

He visto como los principales líderes se vuelven **orgullosos**, amadores de las posesiones y las posiciones más que del Señor. Ponen ídolos en sus corazones y cierran sus oídos al susurro del Espíritu Santo, que les hace saber que todo lo que hacen para enaltecerse a sí mismos los llevará a la más triste humillación. **Solo los humildes serán exaltados por Dios.**

He visto como muchos aprovechan sus posiciones para **ser servidos** más que para servir. "**Solo los que sirvan genuinamente serán grandes en el Reino de Dios.**"

He visto los que están más afanados por la prosperidad, las bendiciones materiales, las añadiduras y la comodidad que por la obra en sí. "**Solo los que viven para extender el reino de Dios, poniendo su corazón en las cosas que se registran en el cielo, tendrán un lugar más alto en la eternidad.**"

He visto como usan su poder para **maltratar** a otros y hacerles creer que deben someterse a estos maltratos porque es la voluntad de Dios.

He visto como no solo se hacen ciegos ante la **injusticia**, sino que ellos mismos la practican.

He visto como muchos manipulan Las Escrituras para lograr sus propios fines. Sus predicas en vez de llevar a la iglesia a la convicción, la llevan a la culpabilidad, la vergüenza, la condena y el miedo. Muchos han sido enseñados de manera tal que creen más en el poder del enemigo para engañar que en el poder de Dios para libertar, guardar y guiar a toda verdad. Una vez engañados atacan a cualquiera que ande en libertad.

He visto como se ha enseñado a llegar a **la estatura del hombre, del líder perfecto**, hacen creer a los demás que Dios solo obra a través de ello, porque solo ellos pueden alcanzar ese nivel de unción, de poder, de estatura máxima, cuando realmente debe de enseñarse que "todos" hemos sido llamados a alcanzar la estatura de Jesús, el cual nos garantiza que "sí, podemos".

Muchos corrompen la comunión con Dios y entre hermanos al aceptar ser adorados y alabados en vez de enseñar a alcanzar la pureza a través de una relación directa con el Señor. **Solo podremos alcanzar la perfección mediante la adoración únicamente a Dios.**

He visto como **desvían** a muchos de su verdadero llamado y en el nombre del Señor los **esclavizan** con sus leyes y estatutos y los **obligan** a ejercer la labor que los engrandecerá a ellos y los llevará a alcanzar sus propios objetivos de fama y gloria. **Solo cuando tu mente va siendo renovada por el Espíritu Santo, puedes ver tu relación con los demás como una oportunidad para servir, no como una oportunidad para usar y conseguir cosas de otros.**

He visto como muchos líderes en su afán por **controlar la congregación**, los hacen creer que es por su bien que les **prohíben** relacionarse con los demás hermanos de otras congregaciones y han llegado al punto de acusar a siervos de Dios ser lobos disfrazados de ovejas, los difaman no porque realmente les interesen las almas, sino por el temor de perder el control y el **beneficio** y la **pleitesía** que estas les proporcionan.

He visto como **aman los aplausos** y las **adulaciones** del hombre. Aman los mejores lugares y se complacen a sí mismo, buscan los tesoros terrenales más que los del cielo.

He visto como muchos se esfuerzan por **agradar los ojos del hombre**. Se afanan en conseguir títulos y elaborar todo un currículo teológico, no con el propósito de conocer a Dios, sino de alcanzar posición.

He visto como **corren detrás de los profetas** buscando una palabra de bendición y de prosperidad, de la misma forma que corrían hacia los brujos en la vida pasada.

He visto como le dan más importancia y se preocupan más por la **cobertura terrenal** que la del Espíritu Santo.

He visto muchos hermanos que comienzan bien pero los que ya están los **corrompen** haciéndolos caer en orgullo debido a la adulación.

He visto como **usan el tiempo incorrectamente**, se envuelven en muchas actividades llamadas ministerio, que los hace caer en **trampas** y **distracciones** que les impiden cumplir el verdadero llamado.

He visto como debido a tantas cosas que hacen para Dios, ya no tienen tiempo de acercarse a Él y **descuidan su comunión con el Señor**. Muchos se vuelven pulpos y no le dan cabida a nadie más para que desarrollen sus dones y talentos. Creen que tienen que tener el control de todo o sino las cosas no saldrán bien, escondiéndose detrás de todo esto el deseo de ser los únicos protagonistas de los eventos espirituales.

He visto como han vuelto a Dios y al Espíritu Santo **su siervo** más que su Señor.

He visto como han hecho del caer bajo la presencia del Espíritu Santo una práctica vana, frívola, sin sentido, en **un espectáculo**, en una falsa, al que no cae lo empujan.

He visto como **falsifican la unción** y usan métodos humanos sin dirección del Espíritu. Usan estrategias ambientales para jugar con las emociones humanas, pero no hay convicción, ni liberación, ni sanidad genuina, ni cambios en la conducta. En cada reunión se paran las mismas personas y son sanadas de la misma enfermedad, y si alguno realmente recibe sanidad vuelve a enfermarse porque no cambia la conducta destructiva que los llevó a ella.

He visto como se vuelven **arrogantes, prepotentes** y **soberbios** a causa de sus dones. Dicen tener visión pero realmente están **ciegos** y están conduciendo a otros al mismo abismo que ellos se dirigen.

He visto el **mal uso de los dones**. Usan la liberación para avergonzar a muchos y la sanidad para cobrar un salario. Muchos han sido heridos con heridas profundas y múltiples cicatrices a causa de esto.

He visto como los hermanos **devuelven con la misma moneda**, si alguien los hace sentir mal, le dejan de hablar y comienzan a criticarlo con otros hermanos y encima se justifican a sí mismos. Si alguien les pide un favor, no solo no lo ayudan sino que lo desacreditan. Cantidades de hermanos vienen a Cristo pero siguen con las misma viejas malas costumbre, murmuradores, pendencieros, chismosos, orgullosos, hipócritas etcétera.

He visto como **juzgan** por vista lo que no conocen y luego lo divulgan, juzgan sin ningún discernimiento de espíritu y por causa de esto muchos son heridos y creen la mentira que se ha dicho de ellos al desconocer la verdad que ha dicho Dios: "Nadie puede llamar común lo que Dios ha limpiado" (*Hechos 10:15*).

He visto como se separan cada día más de Dios y como consecuencia están fuera del tiempo y del lugar de Dios. Están viviendo y **predicando cosas equivocadas**. Hablan de gracia cuando es tiempo de hablar de amor, de juicio cuando es tiempo de misericordia, toman decisiones sin consultar con el Espíritu y hacen guerras espirituales con gente que no ha sido preparada y que luego no pueden resistir los embates del enemigo y se apartan sumidos en la tristeza y el desánimo creyendo que hay algo malo en ellos.

He visto muchos que invocan el nombre de Dios para que Dios los ayude pero **siguen amando el pecado**.

He visto como se esmeran por **aparentar** una santidad perfecta, pero fingida, con el propósito de mantener un estatus y de esta manera destruyen la fe y la visión de muchos. Viven una vida edificada sobre la fachada de una **imagen proyectada**, que los hace tener un alma atormentada y esclavizada. Podrán engañar a muchos pero no a Dios.

He visto como a causa de sus **ambiciones impuras**, caen en **fornicación espiritual**, **en pecado** y los mantienen oculto, para no perder sus posiciones terrenales.

He visto como se **hunden** y **arrastran** a muchos con ellos. En vez de ser consiervos se convierten en piedra de tropiezo, pero aún todo esto Dios lo usará para bendecir a quienes lo aman.

Es cierto que todas estas cosas ya están escritas que pasarán, es cierto que al enemigo se le ha permitido hacer guerra contra los santos, y vencerlos, pero también está escrito acerca de los santos que pacientemente guardan los mandamientos de Dios y la fe de Jesús, los que alcanzarán la victoria sobre el enemigo (*Apocalipsis 13:7*; *14:12* y *15:2*).

"Pronto se desatará una unción mayor y verdadera que producirá convicción, arrepentimiento, un deseo genuino de ser sanado, liberado, restaurado, transformado y una disposición firme de obedecer la guía del Espíritu Santo".

Iglesia: despierta, abre tus ojos, arrepiéntete de tu infidelidad, circuncida tu corazón, porque Dios no tolerará más la carnalidad entre Su pueblo.

Acércate al Señor, busca Su rostro diariamente no solo cuando necesites algo, restaura la comunión constante, vuélvete a la integridad y santidad a la que fuiste llamado, no continúes haciendo Su obra sin Él, retoma la dirección y la instrucción del Espíritu Santo, de lo contrario perecerás junto con el mundo.

El Señor ha venido a ti cargado de misericordia y está tocando tu puerta, desecha el temor, la vergüenza, la culpa y no demores en abrir. Recobra la humildad, reconoce que todo lo que puedas ser o hacer proviene de Su amor y Su gracia, reconoce que todo el poder proviene de Él y que la gloria le pertenece solo a Él.

Recibe la disciplina y la corrección del Señor y dispone voluntariamente y con un corazón puro y sincero a obedecer. Se le fiel en lo poco y en lo mucho, mantente firme y persevera hasta el final.

Debemos vivir la verdad que Cristo nos ha enseñado y enseñarla. Tenemos la responsabilidad de transmitir La Palabra de Dios y vivirla. Debemos luchar por el reino de Dios, con las armas que Cristo nos ha dado.

En este tiempo muchas personas dentro de la iglesia aseguran que antes eran ciegos y ahora ven, pero la realidad es otra, en las iglesias hay tanto ciegos como en el mundo. Hay muchos que proclaman su libertad en Cristo, pero en realidad están presos y muchos de los carcelarios son los líderes, pastores, sacerdotes, maestros, profetas y presidentes de las instituciones muchos de ellos ciegos también, que se han dejado deslumbrar de una oferta de posición y poder pero con la condición de decir y enseñar lo que se les ordene.

Ha habido una alianza de hombres, han unido los poderes económico, político y religioso. Estos usan su autoridad y conocimiento para acomodar la verdad conforme a doctrinas y estatutos de hombres.

En la parte política están los que buscan a Dios para aparentar piedad y ganarse el favor de la gente pero sus corazones están muy lejos de Él.

En la parte económica están los que buscan a Dios para ser prosperado pero usan las artimañas del enemigo para conseguir lo que poseen.

En la parte religiosa se encuentran los llamados líderes espirituales. Este poder en unidad con los demás, el político y el económico, han instaurado un sistema de pirámide que les garantiza dominio. Solo los que están en las primeras posiciones conocen la mentira y el engaño que se esconde detrás de todo esto.

Muchos que están en las posiciones más bajas creen sinceramente que están rindiendo un servicio a Dios, pero en realidad están viviendo ciegamente en prisión puesto que se les hace creer que lo están protegiendo.

Se enseña de generación en generación lo que se debe creer y estratégicamente se les impide buscar ayuda por el Espíritu Santo. Anteriormente se les prohibía leer La Biblia, luego se creó el mito de que quienes la leían se volvían locos, luego se hizo creer que solo unos cuantos podían recibir la revelación del Espíritu Santo y así crearon un pueblo que se dispuso a escuchar y a creer sin buscar por ellos mismos el conocimiento de la verdad con la guía del Espíritu Santo.

Cuando se pudo lograr cierta libertad de investigación, lo que surgió fue una gran división. Ahora todos dudan de los demás, cada uno asegura tener la verdad y la razón en su interpretación. El enemigo ha hecho su trabajo muy bien en lograr la división no solo de pueblos y naciones, sino también de la iglesia.

Dependiendo del lugar que ocupes, esa es tu autoridad y en vez de usarla para servir se usa para ser servido, se enseña que de lo contrario eres débil y no puedes ocupar el lugar de autoridad asignado. Cada posición está para gobernar la posición que le precede y estos a su vez deben obedecer a los que le anteceden, no importa que tan injusto sea el mandato se debe obedecer.

Además se aseguran de controlar la masa y así controlar el mundo, cuando lo real es que **Dios no le dio autoridad al hombre de dominar al hombre**, sino la tierra y los animales.

Viven llenos de temor y sospechas, asegurando que este don de sospecha es discernimiento de Espíritu.

Aseguran que los seres humanos necesitan ser controlado, haciendo así que el hombre crea que Dios mismo no es suficiente para dirigir sus vidas. Se le ha creado una mentalidad falsa y han corrompido sus emociones, han atado su alma, la han aprisionado.

Pero hay personas que Dios ha levantado con propósitos específicos, personas que al igual que el apóstol Pablo, serán enseñados por Él. Personas que están siendo preparadas para, de la misma forma que Moisés saco al pueblo de Israel de

Egipto, en esta ocasión libere la iglesia y la conduzca a **La Nueva Jerusalén**.

Dios prosperará un remanente fiel con el propósito de expandir la verdad y que todas las naciones de la tierra sean bendecidas, y los que verdaderamente prosperen a causa del Señor no falsificarán esta verdad. Estos obedecerán por amor y serán fieles porque han conocido a Dios y han conocido y entendido Su amor. Estos adorarán en espíritu y verdad porque su amor a Dios es genuino.

Estos tendrán una mente y un corazón de acuerdo y unidos con Dios. Estos aprenderán a escuchar a Dios no solo a través de Su Palabra, sino que entenderán que cada circunstancia, cada suceso, cada experiencia de la vida se le ha dado con el fin de aprender algo de Dios.

Estas personas no tendrán temor, entenderán que el temor impide ver y avanzar. Estas personas confiarán en la guía del Espíritu Santo y en la compañía de Cristo.

Estas personas no son prisioneras y desarrollarán una dependencia y obediencia a Dios inquebrantables, de ninguna manera negociarán con el mundo, no aceptarán ninguna oferta, ni doblarán sus rodillas a ningún sistema humano por poderoso que sea.

Estas personas serán enviadas a verdaderos apóstoles, profetas, evangelistas, pastores y maestros y solo revelarán la misión y visión que se les ha encomendado a quienes Jesús los envíe. Estos se encontrarán con prisioneros que sus ojos han sido abiertos y que esperan silenciosamente el día de su liberación.

Estos no juzgarán por apariencia, sino que entenderán la diversidad con la que Dios nos creó y respetarán la relación individual y el propósito personal que Dios tiene para con cada una de sus criaturas.

Iglesia es hora de que retomes el verdadero camino, es hora de que te arrepientas, es hora de que recobres el ánimo, la confianza, el poder, es hora de que recuperes lo que has perdido, que renueves el pacto.

¡Iglesia es hora de que te Levantes y Caminemos a Jerusalén!

- Recupera tu **relación** con Dios.
- Reconcíliate genuinamente con el Señor, con tu creador que te ama infinitamente, que te espera con los brazos abiertos.
- Recupera tu **identidad** divina.
- Tu identidad es tu semejanza con Dios y puedes recuperarla **volviendo a la voluntad perfecta de Dios.**

a. Vuélvete a Dios a través de Cristo, arrepiéntete de tu mal camino, de tu mala conducta.
b. Vuélvete a la voluntad perfecta de Dios, por medio del plan de redención. Ya Jesús pagó un precio por ti, para rescatarte, para sacarte de la esclavitud, de la cárcel, de la ceguera donde te encontrabas. ¿Por qué ser de los perros que vuelven a su vomito?
c. Establece una relación con Dios, reinicia una relación íntima con tu creador.
d. Comienza a cumplir los mandamientos de Dios en obediencia, humildad y sumisión total a Jehová.
e. Muere al yo, abandona la falsa identidad, entierra

de una vez por todas al viejo hombre, recobra tu naturaleza divina, el carácter de Dios en ti.

f. Hazte un servidor de Dios, conviértete en un guerrero incondicional y fiel al servicio del Rey Supremo.

g. Haz el bien, comienza a poner en práctica una vida piadosa, de bondad, justicia y amor al prójimo.

h. Mantente fiel a tu Señor hasta la muerte.

Sé un hombre perfecto desde la perspectiva de Dios. Un hombre que vive en plena armonía con la totalidad de todo lo creado en la tierra y en el cielo, en armonía con la esencia de su entero ser, cuerpo, alma y espíritu. Un hombre que vive en perfecto balance y equilibrio.

- Recupera tu **posición**.
  "Eres la novia del Cordero" Linaje Escogido; Real Sacerdocio; Nación Santa; Pueblo Adquirido por Dios a precio de la Sangre de Su único Hijo, eres Hijo, eres miembro de la familia de Dios.

- Recupera tu **Misión**.
  Fuiste escogida para anunciar las virtudes de aquel que te llamó de las tinieblas a su luz admirable, para predicar el evangelio, para traer salvación al mundo, para mostrar la luz.

- Recupera el **Poder**.
  Para sanar a los quebrantados de corazón, para pregonar libertad a los cautivos, para devolver la vista

a los ciegos, para rescatar a los maltratados y a los oprimidos.

- Recupera tu **Herencia**.
  Una herencia que está guardada en los cielos, que no puede corromperse, ni destruirse, ni contaminarse, ni mancharse, ni marchitarse. Que nadie te robe tu corona y tu lugar en "La Nueva Jerusalén".

Iglesia: Renueva el Pacto

1- Reconocer de dónde has caído (*Apocalipsis 2:5*).
2- Arrepentirte de corazón.

• Lado divino del arrepentimiento: Dios pone el deseo de la conversión. *Ninguno puede venir a mí, si el Padre que me envió no le trajere;... (Juan 6:44).*
• Lado humano del arrepentimiento: El hombre decide cambiar de conducta, de vida. *Mira, yo he puesto delante de ti hoy la vida y el bien, la muerte y el mal;... la bendición y la maldición; escoge pues, la vida, para que vivas tú y tu descendencia (Deuteronomio 30:15 y 19).*

3- Redirecciona hacia el camino correcto: Solo el Espíritu Santo puede guiarte de manera perfecta. Debes comenzar a obedecer fielmente Su dirección, así envuelva el iniciar desde cero o desde donde empezaste a seguir tu propio camino, bajo tu propia guía. Una vez que hayas decidido obedecer fielmente experimentarás un periodo de gozo pero más adelante vendrán lo periodos de prueba. *... angosto el camino que lleva a la vida* (*Mateo 7:14*).

Periodos de prueba

Debes saber que cuándo pasamos por periodos de prueba, es como si nos desviamos de la presencia de Dios. Nuestro entendimiento se distorsiona, nuestros pensamientos se trastornan, nuestra visión se nubla, comenzamos a ver el mundo desde nuestro punto de vista, la verdad se nos vuelve inexacta, y corremos el chance de accionar contrario a lo que Dios nos ha enseñado.

Por lo regular tendemos a olvidar fácilmente todo lo que hemos aprendido y si lo recordamos, tenemos dificultad para aplicarlo. Comenzamos a dudar de Dios, de Su amor, Su perdón, Su Palabra, del llamado de Dios para nuestras vidas.

Perdemos el deseo de agradar a Dios, la decisión de servirle comienza a apagarse, por lo que estos deseos necesitan ser renovados, fortalecidos y fundamentados en la voluntad de Dios para nuestras vidas.

Luego comenzamos a quejarnos, nos desanimamos, y conscientemente o inconscientemente dejamos de escuchar las alabanzas, dejamos de glorificar y dar gracias a Dios, en muchas ocasiones hasta dejamos de orar, por lo que se nos dificulta escuchar a Dios.

Es como si de repente y sin darnos cuenta caemos en un abismo, sufrimos una caída o resbalamos en el camino y nos preguntamos ¿Qué hice mal, en que falle? Pero no es que hayas hecho nada, sino que todo es parte de tus **sentimientos**, que se ven afectados por las circunstancias y recurren a la manera antigua de reaccionar. Por lo cual tienen que ser renovados conforme el conocimiento de Dios y Su Palabra.

El enemigo trata de engañarnos en diversas formas, con el propósito de que creamos sus mentiras y entonces hacernos caer verdaderamente de la presencia de Dios. Y si así sucede entonces ya nada de esto será un sentimiento producido por tiempos de prueba, sino que verdaderamente hemos caído. Por lo tanto debemos estar firmes y alerta.

En nuestros inicios al enemigo se le hace fácil engañarnos, porque nos hace falta conocimiento. Es por esto que es tan importante añadirle diligentemente conocimiento, a nuestra fe y virtudes (*2 Pedro 1:5*).

Leer La Biblia no es un ritual religioso y nunca debemos permitir que se convierta en una rutina aburrida y pesada, sino que debemos leerla con el firme propósito de ser instruidos, corregidos, redargüidos y guiados durante el camino, a fin de que seamos enteramente preparados para toda buena obra.

Si nos dejamos engañar, el enemigo nos acusa, nos hace sentir condenados, culpables e incapaces, con el fin de que no retornemos al camino, ya que él sabe que si volvemos atrás nuestra condición futura será peor que la condición en la que vinimos al Señor, lo que le dará a él más poder de usarnos, para destruir a otros y a nosotros mismos.

Solo a medida que vas creciendo al conocer cada día más a Dios y Su Palabra, con la ayuda del Espíritu Santo podrás levantarte cada vez con más rapidez y seguir hacia adelante por el camino estrecho.

Si haces una imagen mental acerca de un camino estrecho, también podrás hacerte una imagen de estar caminando por este camino y podrás ver en tu mente que a tu lado derecho y a tu lado izquierdo habrán precipicios y deberás estar alerta para no caer, habrán salidas incorrectas, habrán atajos engañosos, habrán obstáculos grandes y pequeños, zanjas hondas, espacios difíciles y resbaladizos y montañas que te harán pensar que todo acabó, que ya no podrás más. Inclusive habrá ofertas tentativas que parecieran venir de Dios, así que tendrás que esforzarte para no ser engañado y desviarte del camino.

En tu caminar cometerás errores, pero siempre podrás venir delante del **Trono de Gracia**, con una actitud humilde y dispuesta a aprender la lección para no volver a repetir el mismo error.

Cuando cometas errores no pierdas el tiempo tratando de encontrarle una explicación a todo, ni buscando culpables, ni buscando tus propias salidas, mucho menos vuelvas a tus propios caminos, estos eran los métodos antiguo que te llevaron a perderte. Lo que debes hacer es pedirle ayuda inmediata a Dios y una vez en Su presencia, Él te reenfocará, te restaurará, te dará las salidas correctas, te dará respuestas y te ayudará a entender todo lo necesario.

Si confesamos nuestros pecados, él es fiel y justo para perdonar nuestros pecados, y limpiarnos de toda maldad (*1 Juan 1:9*). Nunca uses este verso bíblico, para cometer errores deliberadamente. Hay muchos falsos maestros que dicen que somos libres de pecar porque la Sangre derramada por Jesús en la cruz nos limpia de todos los pecados, pasados, presente y futuros, pero esto es una falsa enseñanza.

Es cierto, Dios Padre envió a Jesús y este pagó el precio por todos nuestros pecados. *...envió a su Hijo en propicia-*

ción por nuestros pecados (*1 Juan 4:10*), *... perdonándoos todos los pecados* (*Colosenses 2:13*), pero también es cierto que al sacar estos versos bíblicos fuera de contexto se puede asumir que puedes pecar deliberadamente y eso es una mentira.

Porque si pecáremos voluntariamente después de haber recibido el conocimiento de la verdad, ya no queda más sacrificio por los pecados sino una horrenda expectación de juicio y de hervor de fuego... (*Hebreos 10:26-27*).

Dios perdonó nuestros pecados pasados (*Romanos 3:25*):

- Para que no sirvamos más al pecado (*Romanos 6:6*).
- Para que no andemos más en la pasada manera de vivir, para que nuestra mente sea renovada conforme al conocimiento de la verdad (*Efesios 4:21-23*).
- Para que no andemos conforme a la carne, sino conforme al Espíritu (*Romanos 8:1*).

Por lo tanto lejos de pecar, debes decidirte a vivir una vida que agrade a Dios, que muestre a Jesús, una vida de santidad, de oración, de estudio diligente y constante de la Palabra, de obediencia, de amor, una vida en espíritu y verdad. Además tendrás que ser dirigido por el Espíritu Santo para tener periodos de cilicio y ayuno pues hay batallas que solo se ganan con cilicio, ayuno y oración (*Daniel 9:3*), (*Marcos 9:29*), (*Lucas 2:37*).

Por eso pues, ahora, dice Jehová, convertíos a mí con todo vuestro corazón, con ayuno y lloro y lamento. Rasgad vuestro corazón, y no vuestros vestidos, y convertíos a Jehová vuestro Dios; porque misericordioso es y clemente, tardo para la ira y grande en misericordia, y que se duele del castigo (Joel 2:12-13).

IGLESIA: VUELVE A LOS AYUNOS

EL AYUNO es el acto de abstenerse voluntariamente de todo tipo de comida y en algunos casos de líquidos, por un período de tiempo.

Existen muchas razones para ayunar y muchas formas de hacerlo, pero todo aquel que decide participar de esto debe informarse acerca de cómo hacerlo ya que el practicar el ayuno incorrectamente podría causar problemas de salud, y esa no es la voluntad de Dios.

Hay ayunos que son ordenanzas de Dios como prevención de algo que el enemigo tiene planeado para tu vida o la de alguien más, pero aún sea Dios quien haya ordenado el ayuno debes seguir el consejo del Espíritu Santo y la prudencia en cuanto al tipo de ayuno y la duración de este.

El primer ayuno ordenado por Dios fue en Génesis 2:16-17. *... de todo árbol del huerto podrás comer;* **mas del árbol de la ciencia del bien y del mal no comerás;** *porque el día que de él comieres, ciertamente morirás.*

Cuando escuchamos la voz de Dios pero no la obedecemos es seguro que tendremos consecuencias perjudiciales para nuestras vidas y para los que dependen de nosotros.

Muchas veces presentamos excusas que realmente no tienen nada que ver con la prudencia, sino solo con nuestra falta de disciplina y diligencia en obedecer a Dios, aun cuando sabemos que Dios no se equivoca en lo que nos dice.

Siempre habrá un motivo que es bueno para nosotros cuando es Dios quien nos aconseja hacer algo, porque Dios todo lo sabe, todo lo ve y todo lo puede. Lo más sabio que podemos hacer es abandonar todo pretexto o excusa y pedirle a Dios que nos de lo que necesitamos para hacer lo que nos pide, para obedecer Su voluntad, que es perfecta.

En la antigüedad las personas ayunaban por diversas razones: Lo hacían para prepararse antes de recibir un mensaje de Dios; Antes de ir a cumplir una misión especial de Dios; También con motivo de la muerte de un ser querido; Para conmemorar catástrofes nacionales y para implorar la ayuda de Dios, discernimiento o perdón.

Actualmente para muchos cristianos el ayuno es un ejercicio espiritual en el que un individuo o una comunidad se ponen de acuerdo voluntariamente para abstenerse de alimentos, con propósitos específicos y confiando que Dios hará lo que es mejor. Ayunar es un acto de humildad, petición, protección, sanidad, liberación, duelo, humillación, intercesión, sumisión, dependencia, obediencia, comunión, adoración, unción y poder, sin probar alguno o ningún alimento, por un periodo de tiempo determinado o indeterminado.

Es un medio para sujetar o subyugar nuestra carne debilitándola y tener un acto de dependencia hacia Dios para fortalecer nuestro espíritu y crecer en el Espíritu. Es una de las armas que tenemos para combatir los seres espirituales de maldad que atacan a los seres humanos, con el fin de destruirlos. Toda persona que ha recibido a Cristo debe conocer y entender el motivo principal por el cual es importante ayunar y como debe hacerlo.

Aunque por lo regular las personas nos enfocamos más en ayunar por causa de nuestras circunstancias y nuestras necesidades, debemos de saber que el propósito más importante es el propósito espiritual, que significa poner a tu carne fuera del camino de manera que el Espíritu Santo domine tu vida, se fortalezca y llene cada vez más tu ser.

Cuando una persona no ha confesado a Cristo como su Señor y Salvador está muerta espiritualmente como consecuencia del pecado, esto quiere decir que vive una vida separada de Dios, una vida carnal que conduce a la perdición eterna. Pero cuando una persona se pone en manos de Jesús, sus pecados son perdonados y su espíritu pasa a tener vida por medio del Espíritu Santo, esto quiere decir que has sido reconciliado con Dios y puedes tener comunión con Él, viviendo una vida espiritual que conduce a la vida eterna.

De manera que todos los que hemos recibido a Cristo tenemos dos naturalezas: la carnal y la espiritual, las cuales combaten entre sí para influenciar en nuestras decisiones, y por supuesto la naturaleza que tú alimentes mejor será la que domine y determine tus acciones.

Si alimentamos más la carne que el espíritu somos carnales, con un espíritu dormido o apagado, entristeciendo al Espíritu Santo, invalidando el sacrificio de Jesús y acumulando juicio para el día del Señor.

Si alimentamos más el espíritu que a la carne somos espirituales, con una carne sujetada, agradando a Dios, recibiendo Su gracia constantemente, con el Espíritu Santo obrando en nuestras vidas y acumulando tesoros en el reino de Dios.

El ayuno es un alimento con el cual podemos debilitar la carne y fortalecernos espiritualmente. Para que este alimento tenga todos los nutrientes necesarios debe estar acompañado por la Palabra de Dios y la Oración. Ayunar no siempre será fácil o confortable pues el enemigo pondrá obstáculos para impedir que ayunemos.

Obstáculos que impiden ayunar

Existen algunas razones que nos impiden o que nos dificultan la decisión y constancia de los ayunos, las cuales es necesario conocer para combatirlas. Entre estas razones tenemos:

- La falta de conocimiento, práctica o interés sobre el ayuno
- El placer y el trabajo en que están afanados los cristianos
- La falta del resultado esperado en el pasado
- Las adicciones
- La glotonería
- El egoísmo

Por otro lado debemos saber que todo cristiano está en una batalla en la que es atacado por varios frentes:

1. Las pasiones de su carne
2. La batalla de la mente
3. Los deseos del corazón
4. El mundo que le rodea y no conoce a Dios
5. Las huestes demoníacas que no se pueden ver

El ayuno es una de las armas que tenemos parar combatir en estas batallas y vencer. Si no usamos esta arma junto a otras que nos han sido dadas (*Efesios 6:10-20*), saldremos derrotados y tendremos una vida carnal, mundana. *Porque todo lo que hay en el mundo, los deseos de la carne, los deseos de los ojos y la vanagloria de la vida, no proviene del Padre, sino del mundo* (*1 Juan 2:16*).

Ayunar es necesario, hay muchos que no lo hacen y por esta razón viven una vida derrotada y no entienden por qué. El ayuno le hace saber a nuestra carne, que nuestro espíritu domina nuestra vida. Inclusive hay médicos que reconocen que el ayuno regular hace bien al cuerpo, por lo tanto integrar el ayuno como parte de nuestra vida espiritual resulta beneficiosa para la salud de nuestro cuerpo, nuestra alma y nuestro espíritu.

El ayuno no es otro rito religioso el cual hacemos por cumplir con un mandato, es mucho más que eso. El ayuno es el arma que empuja nuestra oración, es el ejercicio que nos da el poder contra las asechanzas del enemigo.

El cristiano que practica correctamente el ayuno junto con la oración y el estudio de la Palabra es una persona que domina sus pasiones, disciplina sus deseos y se coloca por encima de las tentaciones, es una persona de carácter, fuerza de voluntad, determinación y templanza, es una persona que vive en victoria.

Motivos incorrectos para ayunar

Antes que cualquier motivo que tengas para ayunar debes tener en cuenta los siguientes factores:

• Tu ayuno debe ser dirigido a Jehová.

- Tu ayuno debe ser en el nombre de Jesús.
- Tu ayuno debe ser guiado por el Espíritu Santo.
- Tu ayuno debe tener un motivo correcto (limpio y puro delante de Dios).
- Tu ayuno debe tener una perspectiva correcta (mantén la confianza en Dios aunque no recibas lo que esperas).

Al Ayunar debes tener una motivación correcta. El ayuno no debe ser un método para forzar, manipular o negociar con Dios, de manera que Él te dé exactamente lo que pides. Por lo regular cuando tienes una motivación equivocada terminas resentido con Dios, lo cual solo te traerá más problemas en tu vida, que solo podrás resolver una vez que te hayas arrepentido.

Tu ayuno nunca debe imponer tu deseo a Dios. Dios nunca se equivoca en Sus decisiones, mejor confía en que Él sabe mejor aunque no entiendas. No debemos confundir el ayuno con una varita mágica que podemos manipular, ni a Dios con una hada madrina para obtener todo lo deseado. A veces Dios no te concede la petición porque lo que deseas no es bueno para ti o para otros.

Tu ayuno nunca debe ser motivado para bajar de peso. No debemos confundir el ayuno con la dieta, a veces se cae en la tendencia de usar el ayuno como un mecanismo para bajar de peso, esto es engañarse a sí mismo. A Dios nunca podrás engañarlo.

Tu ayuno nunca debe ser motivado por falta de apetito. No debemos creer que podemos mal alimentarnos y que no nos hará daño ya que estamos acostumbrados a ayunar.

Muchas veces no tenemos deseo de comer a causa de una circunstancia difícil que estamos pasando y desobedecemos el consejo de Dios de cuidar nuestro cuerpo. Alimentarse o ayunar no es una práctica que deba ser guiada por nuestras emociones, sino que cualquiera que sea nuestro estado de ánimo debemos alimentar nuestro cuerpo de manera apropiada.

Tu ayuno nunca debe ser motivado para agradar o ganar el favor de los hombres. No debemos hacerlo para lucirnos ante los de más. Muchas veces estamos más preocupados por agradar el ojo del hombre que a Dios, por esta razón muchas veces terminamos desobedeciendo a Dios y sufriendo la consecuencia de la desobediencia. Agrada a Dios y deja que sea Él quien te promueva y te de favor y gracia ante los hombres a Su tiempo.

Tu ayuno nunca debe ser motivado para competir ni imitar a otros. Tu espiritualidad no depende de cantidad, sino de obediencia a Dios. No debemos hacerlo para medir con otros el grado de espiritualidad según el número de días que aguantamos sin comer. *Cuando ayunéis, no seáis austeros, como los hipócritas; porque ellos demudan sus rostros para mostrar a los hombres que ayunan; de cierto os digo que ya tienen sus recompensa (Mateo 6:16).*

Muchos ayunan para conseguir beneficios propios, pero ¿quién ayuna por su nación, las autoridades, su ciudad, su comunidad, su congregación, por sus líderes, sus hermanos en Cristo, familiares, amigos, por los inconversos, por las sectas satánicas, etcétera.

Algunas razones para ayunar

- Para ser bautizado en las aguas.
- Para ser bautizado por el Espíritu Santo.
- Para combatir las tentaciones (*Mateo 4*).
- Para iniciar un ministerio (*Lucas 4*).
- Para ejercer el ministerio de liberación, echando fuera los demonios (*Mateo 17:18-21*).
- Para recibir la verdad acerca de la Palabra (*Hechos 10:30*).
- Para recibir instrucción del Espíritu Santo (*Hechos 13:2*).
- Para iniciar una obra (*Hechos 13:3*).
- Para constituir los líderes (*Hechos 14:23*).
- Para ser un ministro fiel (*2 Corintios 6:4-7*).
- Para buscar la paz en periodos difíciles (*Jueces 20:26*).
- Para recibir la misericordia de Dios (*1 Reyes 21:27*).
- Para pedir ayuda ante cualquier situación (*2 Cronicas 20:3, 4, 9*).
- Para pedir guía y protección (*Esdras. 8:21-23*).
- Para obtener la victoria (*Ester 4:16*).
- Para obtener sanidad (*Salmos 35:13*).
- Para interceder por otros (*Daniel 9:3*).
- Para recibir revelación (*Daniel 10*).
- Para recibir salvación (*Jonás 3:5*).

Tipos de ayuno

Existe diferentes tipos de ayuno y estos tiene mucho que ver con el llamado de Dios para nuestras vidas, por lo tanto es muy importante dejarse guiar por el Espíritu Santo en cuanto a las pautas a seguir al ayunar.

Estos ayunos deben hacerse voluntariamente y cumplirlos de la manera que propongamos en nuestro corazón. Pueden hacerse de manera individual, en pareja o en grupo.

Todo ayuno prolongado de más de un día debe ser aprobado y dirigido por el Espíritu Santo para evitar contratiempos físicos y espirituales ya que cuando se ayuna nos volvemos sensibles al mundo espiritual y puede afectar la salud.

1) **El ayuno sobrenatural:** este es un ayuno sin ningún alimento sólido, ni líquido y sin agua por un período de 40 días (*Deuteronomio 9:9*). Médicamente está demostrado que el ser humano no puede vivir más de siete días sin agua, por lo cual este ayuno se le llama milagroso. Y no puede ser recomendado a nadie hoy en día. Solo el Espíritu Santo puede dirigirte a un ayuno de este tipo y tendrás que seguir al pie de la letra las pautas que Él te indique. En circunstancias muy extremas tanto Moisés como Elías y Jesús ayunaron 40 días, pero eso no es normal (*Éxodo 24:18; 1 Reyes 19:8; Mateo 4:1-2*).

2) **El ayuno total:** este es un ayuno donde se elimina toda comida y agua. Es para pocos días (*Hechos 9:9*). Este tipo de ayuno no es recomendable por más de tres días y solo debe practicarlo el creyente experimentado en al arte del ayuno. Este ayuno está diseñado para ciertas situaciones extremas y puede traer consecuencias serias a la salud. No beber agua durante mucho tiempo daña las membranas cerebrales produciendo daños permanentes. Debemos ser prudentes.

3) **El ayuno común**: en este solamente se toma agua por varios días. En la actualidad ha habido quienes lo han hecho hasta por 41 días, este tipo de ayuno también requiere una dirección estricta y absoluta del Espíritu Santo.

4) **El ayuno de sólido:** en este solamente se toma todo tipo de líquidos por varios días, este tipo de ayuno también requiere una dirección estricta y absoluta del Espíritu Santo.

5) **El ayuno parcial:** este consiste en solo consumir una cierta clase de sólidos y una cierta clase de líquidos (*Daniel 1:8-15; 10:3*). Este tipo de ayuno puede ser por un tiempo o permanente. Por ejemplo, hay personas que han decidido ayunar permanentemente de carnes rojas, o mariscos, o todo tipo de carnes, o todo tipo de bebida alcohólica, tal y como lo hacían los nazareos al nunca beber vino ni sidra.

6) **El ayuno corrido con entrega diaria:** en este ayuno se pasan varios días: 3 días, 5 días, 7dias, 10 días, 21dias, un mes, etc. Como propongas un tu corazón. Este se efectúa cada día hasta cierta hora del día, come uno algo hasta otra cierta hora, y al otro día igual, y así durante varios días. Por ejemplo, se puede ayunar: desde 6 de la mañana hasta las12 del medio día, desde las 6 de la mañana hasta las 6 de la tarde. Repitiendo este proceso al siguiente día y así sucesivamente por el número de días que uno considere. Con este tipo de ayuno, se puede soportar hasta por meses, aunque es bueno establecer un tiempo determinado y un propósito específico.

7) **El ayuno de un día:** este es un ayuno total o parcial por 24 horas. Este ayuno es saludable física y espiritualmente, por lo que podemos hacer un día de ayuno cada

cierto tiempo para ir desarrollando crecimiento y fortaleza espiritual.

8) **El ayuno menor de un día:** este es un ayuno total o parcial por períodos de 3, 6, 12 o 18 horas. Este tipo de ayuno es muy recomendable cuando se va uno a iniciar en este tipo de ejercicios espirituales. Es importante progresar en el ayuno, pero nunca ayunes para medir tus fuerzas, hazlo progresivamente con conciencia y prudencia.

¿Se puede romper un ayuno?

Si, se puede romper un ayuno, inclusive hay ayunos que tú te propones hacer y el Espíritu Santo te manda a pararlo, lo cual debes obedecer porque Él siempre tiene un motivo correcto para lo que nos guía a hacer.

De cualquier modo al romper un ayuno debes hacerlo por un motivo correcto y de la manera correcta. Este es un punto muy importante ya que se puede estar perdiendo una bendición o quebrantando un pacto con Dios o puedes dañar tu salud cuando rompes o terminas un ayuno en forma equivocada o por motivos injustificados.

De todos modos cuando rompes o terminas un ayuno debes seguir algunas indicaciones importantes para tu salud. Una cantidad exagerada de alimentos después de un ayuno puede provocar males estomacales tales como nauseas, vomito, contorsiones, dolor y complicaciones más serias, por lo que es aconsejable:

Después de un ayuno de cualquier duración lo más recomendable es comenzar con alimentos líquidos. Luego puede ir integrando poco a poco los demás alimentos, después puede comer una porción no muy grande de alimento no muy grasoso y de preferencia que no lleve carnes y luego integrarse a su dieta habitual, recordando que lo habitual debe ser tener una dieta balanceada rica en minerales, proteínas y carbohidratos, sin excederse en la cantidad.

Consejos generales al ayunar

Comienza tu ayuno con una sencilla oración de presentación, diciéndole al Señor el propósito de tu ayuno.

Mantén tu ayuno lo más privado posible (*Mateo 6:16-18*). Mantente en oración, procura confesarte totalmente de tus faltas y pide que Dios te muestre las que no ves para que no haya estorbo en las peticiones y resistir la tentación de comer (*Mateo 17:21; 26:41*). Alimenta tu espíritu leyendo la Biblia, escuchando y viendo sermones, estudios bíblicos y alabanzas cristiana.

Dentro de tus posibilidades procura ayunar en días que no tengas muchos compromisos y en un lugares donde no haya muchas distracciones. Establece la duración, dependiendo de tus compromisos, la práctica que ya tengas en este ejercicio o lo que Dios te dirija. Sólo recuerda que Dios está más interesado en la actitud de tu corazón que en la duración del ayuno. Dios no contesta tus oraciones dependiendo de la cantidad que ores, sino de que tan sinceramente ores. Lo mismo se aplica al ayuno.

Para empezar por qué no pierdes una comida para orar, podrías ayunar desde la cena hasta las 12 del mediodía del próximo día o tres días corridos sin desayunar. Podrías ayunar de cosas dulces o de lo que más te guste. Te conviene a menudo ayunar de la televisión o quizás de deportes si eres aficionado. En tus relaciones matrimoniales para que busques más a Dios, abstinencia sexual por un periodo determinado y de acuerdo con tu pareja (*1 Corintios 7:5*).

Para Moisés, David, los discípulos de Juan, Ana, Jesús, Pablo, Cornelio y otros, el ayuno era un estilo de vida. Tú podrías hacer lo mismo pero requiere de un desarrollo progresivo, debes enseñar tu cuerpo a ayunar.

También está el ayuno que se une con ponerse de cilicio. **El Cilicio** consiste en no acostarse en la cama como lo hiciera el rey David (*Samuel 12:15-20*). Con el cilicio es necesario que también seas prudente pues se de personas que se han enfermado de resfriado por acostarse en el piso frio, por lo que es recomendable poner alguna manta en el suelo. En la antigüedad las personas usaban una vestimenta de saco y se echaban ceniza por la cabeza, pero en este tiempo no es necesario que se haga así. Es importante establecer el horario, los días y el propósito del cilicio y cumplirlo como fue propuesto. Los cilicios acompañados de ayuno y oración son de gran estima delante de Dios pues expresan humillación y sumisión.

Aunque el ayuno puede referirse también a otras cosas aparte de la comida, como el no bañarse, no cambiarse ropa como posiblemente Moisés, Jesús y Pablo no se bañaron en sus ayunos, en estos tiempos tal vez no sea muy prudente incluir ese tipo de ayuno. Algunos dicen que durante el ayuno no se debe cepillar los dientes pero es más recomendable mantener un aliento limpio y fresco, pues es muy desagradable hablarles a los demás con mal aliento. Pero sencillamente ora y deja que el Señor te dirija.

En cuanto al ejercicio, una rutina ligera de estiramientos o caminata o bicicleta, pueden ser benéficos para la salud.

Sin embargo cuando estamos ayunando nuestro cuerpo se debilita y debemos ser prudente con la combinación de ayunos y ejercicios.

En cuanto a la edad o el tipo de sexo, no hay sexo o edad para ayunar, puede ser hombre o mujer, puede hacerse desde los bebés hasta los ancianos (*Joel 2:15-16),* tomando en consideración la capacidad de cada individuo, especialmente se debe ser muy cuidadoso con los niños.

Si usted tiene una condición médica que requiere cierta alimentación ajuste su dieta sin poner en riesgo su salud. Si está en medicamentos no se recomienda el ayuno.

Si está de viaje de vacaciones o de fiestas no ayune, solo mantenga una forma moderada de comer (*Mateo 9:15*), evite cualquier tipo de exceso. *Mirad también por vosotros mismos, que vuestros corazones no se carguen de glotonería y embriaguez y de los afanes de esta vida, y venga de repente sobre vosotros aquel día (Lucas 21:34).*

Usted conoce su cuerpo y sabe hasta dónde puede llegar, teniendo en cuenta que tenemos que hacer un esfuerzo, el ayuno se trata de eso, de decirle a la carne que no. Lo más importante es que cumpla con lo prometido, con lo que se proponga hacer para la Gloria de Dios. No olvide que su obediencia es más importante que cualquier sacrificio (*1 Samuel 15:22*).

Finalmente no olvide entregar su ayuno, el último día de su ayuno al finalizar haga una oración de gratitud y confianza al Señor, agradeciendo por haberlo ayudado a completar su ayuno y confiado en que Dios hará lo que es mejor con respecto al propósito de su ayuno.

Poner en práctica estos tipos de ayuno de vez en cuando y como el Espíritu Santo dirija, es conveniente y necesario pero hay otro tipo de ayuno que también es inmensamente poderoso y Dios nos lo recomienda.

Este tipo de ayuno no tiene que ver con la negación de la comida, más bien trata de negarte a ti mismo escogiendo vivir para Dios y para otros. Este es un ayuno para toda la vida en el cual Dios nos pide que ayunemos así (*Isaías 58:6-12*):

- Desatar las ligaduras de impiedad.
- Soltar las cargas de opresión.
- Dejar ir libres a los quebrantados.
- Romper cada yugo.
- Parte tu pan con el hambriento.
- Albergues a los pobres errantes.
- Cubrir el desnudo al verle así.
- No esconderte de tu hermano.
- Quitar el yugo de en medio de ti, el dedo amenazador.
- El hablar vanidad.

Este tipo de ayuno puede cambiar el mundo aunque trae consigo mucha demanda espiritual, emocional y material. Pero hay promesas de Dios para los que se atreven a negarse a sí mismos para vivir en favor del pobre y oprimido (*Zacarías 7:8; 8:16-19*).

- Tu luz vendrá como el alba.
- Tu sanidad aparecerá pronto.
- Tu rectitud irá delante de ti.

- El Señor será tu retaguardia.
- Cuando clames, el Señor contesta.
- Cuando pides ayuda, Dios te dirá, "Aquí estoy yo".
- Tu luz subirá en la oscuridad.
- Tu noche será como el mediodía.
- El Señor te guiará siempre.
- Satisfará tus necesidades.
- Dará vigor a tus huesos.
- Serás como un jardín bien regado.
- Serás un manantial que fluye.
- Tu descendencia reconstruirá las ruinas antiguas.
- Repararás y restauraras la sociedad.

Iglesia: Mantente Alerta

Vemos, oímos y sabemos que estamos viviendo tiempos difíciles. Los llamados por Dios, estamos enfrentando tiempos de oscuridad, pero sabemos que la luz, que es Cristo, pronto se manifestará en todo su esplendor. Por lo que debemos continuar luchando contra toda oposición. Debemos probar los espíritus para comprobar si son de Dios (*1 Juan 4:1*). Muchas cosas acontecen y otras están por acontecer, por lo que debemos estar preparados para la lucha, con el fin de proclamar la victoria total. Debemos luchar por obedecer a Dios en todo, por llegar a la meta, confiando en Dios en todo momento (*2 Timoteo 4:7*).

Para esto Dios ha dado a la iglesia dones y talentos que deben ser desarrollados con el propósito de usarlos correctamente, con dirección del Espíritu Santo y en unidad con los hermanos de la fe de Jesús. También ha dado los cinco ministerios, estos deben ser conocidos y usados de forma adecuada ya que estos tienen el propósito de perfeccionar a los santos para la obra (*Efesios 4:11-12*):

Apóstoles
Profetas
Evangelistas
Pastores
Maestros

Hay personas que dicen que son enviados de Dios (*2 Pedro 2:1*), pero en realidad son falso cristianos. También hay algunos que abandonan la fe, escuchando a espíritus engañadores y a doctrinas de demonios (*1 Timoteo 4:1*). Muchos de estos queriendo escuchar palabras conforme a sus propios deseos irán donde falsos maestros que les hablen conforme a sus propias concupiscencias y apartarán sus oídos de la verdad (*2 Timoteo 4:3-4*).

El enemigo tratará de engañarnos y desenfocarnos, falsificando las manifestaciones y la obra del Espíritu Santo, por lo que debemos aprender a diferenciar lo verdadero de lo falso.

Porque se levantarán falsos Cristos, y Falsos profetas, y harán grandes señales y prodigios, de tal manera que engañarán, si fuere posible, aun a los escogidos (*Mateo 24:24*).

Pero no debemos atemorizarnos y caer en el error de no escuchar las profecías, ya que estas nos han sido dadas para ayudarnos. Está estableció que hay verdaderos profetas ya que Dios ha declarado que Él no hará nada sin revelárselo antes a sus siervos los profetas (*Amos 3:7*).

Las Profecías

Las profecías son mensajes departe de Dios a los creyentes (*1 Corintios 14:22*). Solo debemos determinarnos a reconocer el verdadero profeta y aprender a discernir la verdadera profecía, sin juzgar ligeramente.

Lo primero que debemos entender es que Satanás no puede hacer nada si Dios no se lo permite, nada ocurre fuera de la voluntad y del conocimiento de Dios. Por el contrario ya Dios nos ha hecho saber a través de La Palabra que estas cosas ocurrirían.

Lo segundo que debemos hacer es creer en que si Dios así lo ha permitido, entonces debe ser con un propósito bueno, perfecto y agradable para nosotros. Dios no se equivocó en permitir que la cizaña y el trigo crezcan juntos. Si Dios permite que el enemigo plante cizaña en nuestro terreno, entonces debemos estar decididos a estar alertas, comprometidos a cuidar el trigo, no podemos descuidar el terreno que Dios ha puesto en nuestras manos.

Lo tercero que debemos saber es que Dios nunca permitiría esto con la finalidad de hacernos tropezar. Él quiere que aprendamos a distinguir lo verdadero de lo falso, a diferenciar el trigo de la cizaña, a discernir si el mensaje viene de Él o del enemigo, para que podamos tomar decisiones sabias. Además es necesario que nuestra obediencia y amor sean probados. Dios te da la libertad de escoger entre lo real y lo falso, ya que si no eres libre de desobedecer, no habrá una verdadera obediencia de corazón.

"La Obediencia no es Autentica si no existe la Libertad de Desobedecer"

En una ocasión llegó un muchacho a la congregación y me dijo que el Señor lo habías mandado para congregarse con nosotros, le dije que si él tenía la convicción nosotros lo recibíamos con amor. Aunque como sierva de Jesucristo debo recibir a todo el mundo con amor, como pastora de la congregación parte de mi deber es cuidarla, así que vine al Señor en oración para que me revelara cualquier cosa que fuera necesario que yo supiera acerca de este joven.

Estuve haciendo cilicio por unos días en los cuales el Señor me reveló a través de un sueño que el joven era un cazador de presa. Le pregunte al señor si era su intención traer restauración a la vida del joven en nuestra congregación, a lo que el Señor me respondió que todavía no era su tiempo. Le pedí al Señor que entonces lo sacara de la congregación, a lo que el Señor me respondió que a Su tiempo lo haría. Confié en la respuesta del Señor pero me mantuve alerta.

No pasaron muchos días en los cuales el joven se declaró perdidamente enamorado de una de nuestras jóvenes líderes más afincada en el Señor. Yo estaba horrorizada y oré con todas mis fuerzas para que el Señor me dirigiera de cómo manejar la situación, pero lo único que se me permitió fue aconsejarle a la joven que tuviera cuidado.

Pasaron los días y rápidamente el joven logró conquistar a la joven, yo estaba desolada, pues conocía las intenciones del joven, pero solo se me permitía aconsejar a la joven como una madre amorosa a su hija, ya que su fidelidad estaba siendo probada. Comencé a interceder eufóricamente por esta joven, el Señor tan hermoso como siempre le envió otras personas a decirle que tuviera cuidado y a orar por ella, pero para este punto ya estaba muy enamorada del muchacho. La joven comenzó a ser molestada por la ex pareja del joven, aun así la relación continuó ya que él le juro que su ex pareja ya no le interesaba y que era a ella a quien amaba profundamente.

El Señor me reveló que la joven estaba cayendo, la llamé nuevamente, le hable claramente acerca de la fornicación y de no exponerse a la tentación, pero ella se mostró muy segura y me dijo que todo estaba bien y bajo control. A este punto mi corazón estaba muy triste y le clamaba al Señor por ella. Recuerdo una noche en particular cuando le dije al Señor: ¿Señor permitirás que pierda esta batalla? Pero no recibí respuesta.

Al día siguiente la joven llegó llorando a mi casa a contarme que el muchacho le había dicho, ese mismo día, que quería tener un hijo con ella y ante su respuesta negativa él se enojó y le dijo que él realmente no estaba enamorado de ella, que ella ni siquiera le gustaba, que ella no era su tipo que él solo quería tener sexo con ella, pero que ya no le interesaba y terminó la relación.

Ella estaba muy triste y dolida, por lo que la consolé, pero en mi corazón estaba feliz porque finalmente esa relación terminó, no sin dejar ciertas secuelas, por supuesto. El joven fue abandonado la congregación poco a poco y yo seguí orando para que el Señor completara la obra. Continúe orando por ella para que el Señor la restaurara totalmente y en unos días más se acercó y me dijo que el Espíritu Santo le había dicho que tenía que decirme algo y me confesó que aunque no llegó a la penetración con el joven, él logró convencerla de practicarle el sexo oral.

Literalmente lágrimas de tristeza brotaron de mi rostro, baje mi rostro y le pregunté en mi corazón al Señor, ¿Qué debo hacer? Todavía me conmuevo de la forma tan amorosa que el Señor me dijo estas palabras: dile que yo la perdono pero que no debe hacerlo nunca más.

Con lágrimas en mi ojos le di el mensaje, y la vergüenza que ella mostraba en su rostro cuando me decía lo que había hecho se transformó en amor y gratitud hacia Dios y dio rienda sueltas a sus lágrimas, nos abrazamos y decidimos recordar el incidente solo como un testimonio que hoy por primera vez el Espíritu Santo me permite compartir.

Es por esta razón que debemos ser imparcial y no discriminar a nadie ya que cualquiera sin importar sus antecedentes puede llegar a convertirse en uno de los siervos más fieles y comprometidos del Señor, como lo fue el caso del apóstol Pablo, pero hay que estar atentos y orar acerca de cada persona en la congregación y enseñar lo mismo a los líderes e intercesores para que cada uno en particular tenga cuidado de su grupo.

Cuando llega alguna persona como cizaña a la viña de Dios o algún lobo disfrazado de oveja y el Espíritu Santo lo revela, debemos determinarnos a interceder y preguntarle al Señor: ¿Señor lo trajiste para salvarlo o solo le permitiste entrar para cumplir un propósito o para probar algún corazón? Si Dios quiere regalarle la salvación debemos clamar al Señor por esta alma, de lo contrario clamar a señor para que el propósito se cumpla y la persona se marche de la congregación.

Recuerda "**Dios probará tu corazón**" Los que aman la verdad y los que son auténticos de corazón serán guiados por el Espíritu Santo (*Juan 16:13*). Estos permanecerán en La Palabra (*Juan 8:31*), tendrán amor los unos por los otros (*Juan 13:35*) y serán reconocidos por sus frutos.

Guardaos de los falsos profetas, que vienen a vosotros con vestidos de ovejas, pero por dentro son lobos rapaces.

Por sus frutos los conoceréis. ¿Acaso se recogen uvas de los espinos, o higos de los abrojos? Así, todo buen árbol da buenos frutos, pero el árbol malo da frutos malos. No puede el buen árbol dar malos frutos, ni el árbol malo dar frutos buenos. Todo árbol que no da buen fruto, es cortado y echado en el fuego. Así que, por sus frutos los conoceréis (Mateo 7:15-20).

Sabiendo que Dios nos ha advertido de que habrá falsos profetas, concluimos que también habrá verdaderos profetas, solo nos resta distinguir y decidir con la guía del Espíritu Santo. Para distinguir al falso profeta del verdadero también es necesario distinguir la falsa profecía de la de la verdadera. Las profecías nos son dadas con el propósito de (*1 Corintios 14:3*):

- **Edificarnos**
- **Exhortarnos**
- **Consolarnos**

Estas tres a su vez son útiles para **enseñarnos, redargüirnos, corregirnos** y para **instruirnos** en toda justicia, conforme a la Palabra, con el fin de que como siervos de Dios maduremos y estemos enteramente preparados para toda buena obra (*2 Timoteo 3:16-17*).

Cuando hay confusión, perdidas de esperanza o tribulaciones el mensaje es de consolación y enseñanza.

Cuando se quieren tomar decisiones o se necesita dirección de ¿Qué hacer o decir? ¿Cómo Hacer o decir? ¿Cuándo hacer o decir? ¿Dónde hacer o decir? el mensaje puede ser de exhortación o instrucción.

Cuando hay rebeldía o desobediencia el mensaje puede ser de amonestación o corrección.

Cuando hay pecado el mensaje puede ser de juicio. También puede ocurrir sanidad o liberación divina, pero todo debe tener el propósito de edificar. Por lo tanto si la palabra profética cumple con este propósito es un indicio de que es verdadera. Y entonces debemos tener cuidado de no usarla para establecer una nueva doctrina, sino solo para el propósito que fue enviada.

Por ejemplo cuando Jesús se le apareció a Saulo de Tarso, luego llamado Pablo y le dio la comisión de predicarles a los gentiles (*Hechos 9:15*), no estaba estableciendo una nueva doctrina sino que se estaba cumpliendo lo prometido a Abraham de que todas las familias de la tierra serian benditas a través de él (*Génesis 12:3*). Ya se había declarado antes que la salvación era también para los gentiles.

Como dije antes, parte de la edificación es la **corrección**, por lo tanto debemos estar abiertos a recibirla, con un corazón manso y una actitud humilde. Sabiendo que Dios podría usar a un niño, si así lo quiere, para hablarnos. Personalmente puedo decir que en muchas ocasiones el Señor me ha hablado a través de mis hijos y de personas que no tienen mucho tiempo en el Señor.

La corrección puede ser colectiva o individual. Si es colectiva los principales deben orar para ser dirigidos en cómo llevar a cabo las estrategias que el Espíritu les dé para salvar la situación. Todos los involucrados deben llegar a un acuerdo para esto.

Si la corrección es para un individuo y esta persona tiene convicción por el Espíritu Santo de que la palabra viene de

Dios, entonces esta persona es la que tiene que hacer los reajustes necesarios en su vida personal en la parte que Dios pone en sus manos, guiado por el Espíritu Santo. Nunca debemos hacer general el trabajo que Dios está haciendo individualmente con cada uno de nosotros, mucho menos usar la autoridad para establecer una doctrina, ley o estatuto.

En una ocasión el Señor habló a un pastor con respecto a la vanidad que había desarrollado acerca de sus bigotes y le dijo que debía afeitárselo, y este pastor recibió convicción y obedeció al señor en quitarse el bigote, pero además obligó a todos los hombre de la congregación que tenían bigotes a quitárselos, asegurándoles que si no lo hacían estaban en pecado.

"Muchas veces el orgullo nos impide ver que no son los demás que están mal con respecto a algo que Dios nos dice, sino que somos nosotros."

En una ocasión dos hermana en la fe se encontraron, mientras hablaban la una observo lo deteriorado que estaban los zapatos de su hermana, por lo que pensó de forma jactanciosa: Ah yo tengo muchos zapatos, le daré uno a esta infeliz hermana, total a mí me sobran. Pero el Espíritu Santo le susurró al oído "no lo hagas". Inmediatamente le vino al pensamiento, oh ¿será que esta hermana está en pecado? Y el Espíritu Santo volvió a susurrarle "no, lo que pasa es que tú no tienes una actitud correcta para dárselos". Por lo menos esta hermana recibió la corrección del Espíritu Santo, reconoció su mal pensamiento, se arrepintió, le pidió perdón a Dios, aprendió la enseñanza y cambio su actitud.

Hay hermanos que se pierden en su orgullo, pero Dios nos ha llamado a ser humilde y seguir sus consejos de manera sincera:

1. Recibe la Corrección
2. Reconoce que está mal lo que pensaste o hiciste
3. Arrepiéntete de corazón
4. Pídele Perdón a Dios
5. Aprende la Enseñanza
6. Cambia la conducta inapropiada
7. Nunca olvides darle la gloria a Dios

Mensajes Proféticos

Los mensajes proféticos pueden venir a través de impresiones, de sueños, de visiones, de trance o de un sentido consciente de la presencia del Señor o de la unción del Espíritu Santo. Cada una de estas formas de revelación necesitará la comunión constante con el Espíritu Santo para que Él nos confirme que realmente vienen de Dios y con cual propósito han sido enviados.

Los sueños, visiones y profecías pueden ser revelaciones pasadas, presentes o futuras, de Dios, para darnos a conocer Su voluntad acerca de ciertas cosas y para traer luz acerca de la Santa Escritura. Estas son señales del derramamiento del Espíritu Santo en los tiempos finales y las necesitaremos para cumplir nuestros propósitos en Cristo, por lo que no debemos menospreciarlas.

Estas revelaciones son espirituales y así debemos verlas. Estas nos son dadas con el firme propósito de que llevemos a cabo lo que se nos ha encomendado, por lo que debemos de tener especial cuidado de que no se vean afectadas por nuestros propios deseos, pensamientos, prejuicios, especulaciones, sentimientos y doctrinas.

Las revelaciones que nos son dadas no siempre serán de la misma forma, sino que algunas vendrán de forma natural o en forma de trance, otras como si fueran una película y vendrán cuando menos lo esperemos, ya sea que estemos dormidos o despiertos, conscientes o inconscientes.

En muchas ocasiones experimentaremos la presencia del Señor y la unción del Espíritu Santo, pero en otras no será así, sino que solo será como un pensamiento o impresión, por lo que debemos de ser cuidadosos y someter todo pensamiento a la obediencia de Cristo y toda impresión al escrutinio cuidadoso de la Palabra y del Espíritu Santo. **El don de sospecha no viene del Espíritu Santo.** No tomemos ninguna decisión o acción por sospecha.

Para interpretar las revelaciones correctamente necesitamos al Espíritu Santo y los dones de **discernimiento** y **palabra de ciencia** o **conocimiento,** que el mismo Espíritu Santo nos da. Satanás quien también conoce todas estas cosas, también está manifestando dones falsos a aquellos que le sirven con el propósito de oponerse a nuestro propósito en Cristo. El enemigo ha preparado un equipo de demonios bien organizado con el propósito de atacar a la iglesia de Cristo y que esta no pueda llevar a cabo la misión que se le ha encomendado.

Una de las estrategias que más está usando Satanás es la **división.** Está dividiendo congregaciones una de las otras, congregaciones de sus pastores, hermanos en Cristo, familias, esposos, hijos contra sus padres y hasta los niños están siendo instruidos para sentirse superiores y para maltratar a sus compañeros, él sabe que un pueblo unido jamás será vencido, por lo que procura diligentemente que la iglesia no se ponga de acuerdo y que terminen esparciéndose y así destruirnos completamente.

Él no quiere un cuerpo completamente equipado, entrenado y unido. Él no quiere una iglesia unida que ande en santidad y que tenga todos los dones operando en completa dependencia y guía del Espíritu Santo. **Satanás está usando los mismos cristianos para destruirlos los unos con los otros.**

¡Iglesia Despierta! ya es tiempo de que tus ojos sean abiertos y te des cuenta que te has dejado engañar de Satanás y este te ha usado para destruirte. Es necesario que te des cuenta de que por un gran tiempo has estado de acuerdo con él y por esto no has podido vencerlo, no has podido ser libre de tus enemigos.

La iglesia ha sido engañada a tal grado que el enemigo ha usado a muchos y ellos han creído que han estado siendo usados por Dios. Muchos cristianos han estado usando sus dones de manera incorrecta y otros ni siquiera los están usando. Es por esto que es tan importante reconocer los mensajes proféticos.

Las profecías surgen de forma espontaneas en medio de la congregación, en círculos de oraciones, a solas, en cualquier lugar o en medio de cualquier actividad. Estos mensajes proféticos, que no siempre se tratan de cosas futuras, sino que pueden ser cosas pasadas sacadas a la luz o cosas presente que necesitan corrección, nos son dados porque los necesitamos, por lo tanto deben ser recibidos con humildad, evaluados con cuidado, interpretados adecuadamente y una vez aceptados como verdaderos entonces, aplicados correctamente.

Las profecías siempre deben ser analizadas (*1 Corintios 14:29*). *No menospreciéis las profecías. Examinadlo todo; retened lo bueno* (*1 Tesalonicenses 5:20-21*). Busca en La Biblia estos versículos: Hebreos 12:5-7 y Proverbios 3:11-12 y léelos y mantenlo en tu mente y en tu corazón. Y decide no enojarte nunca cuando recibas corrección y no olvides esto, los mensajes proféticos deben ser:

1. Recibidos humildemente
2. Examinados cuidadosamente
3. Interpretados adecuadamente
4. Aplicados correctamente

Si recibes una profecía, pero no la interpretas bien o no la aplicas bien, tendrás dificultades y esto no quiere decir que la profecía era falsa, sino que no cumpliste con todas las pautas a seguir. Por lo tanto no debes actuar apresuradamente bajo el calor de la emoción, sino que debes evaluar todas las cosas en oración antes de actuar.

Recuerda que: **de la profecía declarada a la profecía cumplida hay un espacio de tiempo en el cual serás preparado para cuando llegue el tiempo del cumplimiento.** En muchos de los casos conlleva a tiempos difíciles en los cuales debes mantenerte fiel y firme, confiando en Dios.

No solo debes evaluar las profecías en oración, sino que también debes evaluarla a la luz de las Escrituras y el poder de Dios juntamente (*Mateo 22:29*). El conocimiento necesita el poder y el poder necesita el conocimiento.

Cuando de interpretar se trata debemos mantener una mentalidad abierta a lo literal o lo simbólico, de lo contrario ciertas revelaciones chocarán con nuestra teología o doctrina. Debemos de saber que Dios no se ajusta a los métodos humanos. Por ejemplo: en una ocasión soñé con un tío que había muerto, este me decía que debíamos ayudar a su hermana (mi tía), yo sabía que cuando él estaba en vida siempre estaba pendiente de ella en cuanto a ayuda económica, por lo que entendí que Dios lo usó de manera simbólica para que yo pudiera interpretar el sueño.

Cuando le conté el sueño a mi tía, ella me reprendió, pues como cristiana ha aprendido que no debemos consultar a los muertos, por lo tanto este sueño debía interpretarse como diabólico. Pero, acaso ¿elegí yo tener este sueño? ¡No! Sino que fue el mismo Dios que me lo dio para que yo ayudara económicamente a mi tía. Y ¿Quién soy yo para decirle a Dios como revelarse a mí? O ¿Qué método escoger para transmitirme un mensaje?

Me imagino que mi tía maduró al respecto, pues años más tarde me recordó el episodio y me pidió disculpa por haber sido tan brusca conmigo. Por supuesto que yo la había disculpado mucho tiempo atrás, pero ese momento me dio la oportunidad de expresárselo y fue muy gratificante para ambas. Además no tomé sus palabras a la ofensiva, sino que me propuse en oración y estudio diligente de la Palabra, con guía del Espíritu Santo, a encontrar la verdad acerca de esto y ahora puedo compartirlo con ustedes. Los mensajes de Dios pueden ser literales, simbólicos, hipotéticos o alegóricos y es el mismo Dios que te dará la interpretación y guía al respecto.

Cuando tuve mi primer carro sabía cómo manejarlo pero nada acerca del mantenimiento. Un día soñé que un tío que tiene bastante experiencia en esto me estaba diciendo donde llevar el carro para cambiarle el aceite, inmediatamente ore y le pregunte al Señor si el sueño se refería a mi vida espiritual, tal vez necesitaba más unción o quizás era que verdaderamente debía cambiarle el aceite al carro ¡tan solo tenía como unos seis meses manejando! Decidí llevar el carro a un lugar donde hacían este tipo de chequeo y para mi sorpresa me enteré de que por misericordia de Dios todavía el carro estaba corriendo ya que debí haberle hecho el cambio de aceite tres meses antes. Fue un sueño muy literal, donde Dios estaba mostrando su cuidado hacia mí. Después de esta enseñanza nunca más deje de cambiar el aceite cada tres meses.

Sabiendo que un día responderé a Dios por lo que escribo, puedo escribir sin temor que: Jehová se comunica con el hombre a través de sueños, visiones y mensajeros, que Él no se sujeta a ningún método o patrón humano para revelarse a nosotros. Es por lo mismo que debemos desarrollar una relación personal de servicio íntegro y amor verdadero con Dios. Si Él te da la revelación, también te dará la interpretación en el momento adecuado.

Aunque los sueños y visiones no necesariamente son cosas que existen en la realidad humana y muchas de las revelaciones son experiencias irreales a la luz de la vida diaria, estas tienen la intensión de transmitirnos un mensaje, como lo es el libro de Apocalipsis. Por lo que no debemos desecharlas hasta no haberlas evaluado cuidadosamente, hasta comprobar si vienen de Dios y que desea Él que hagamos al respecto.

Una de las cosas que el Espíritu Santo me ha enseñado es a escribir los sueños y revelaciones lo más pronto posible, ya que muy a menudo, y aunque en el momento del sueño nos parecen tan reales, cuando uno se levanta en la mañana ya no los recuerdas con exactitud y con los días se pierden muchos detalles que son importantes, pues para algo Dios los puso ahí. En muchas ocasiones Jehová decía lo mismo a Sus profetas:

... Y Jehová me respondió, y dijo: Escribe la visión, y declárala en tablas, para que corra el que leyere en ella (*Habacuc 2:2*). De hecho a eso podemos agradecer el tener La Biblia.

En este tiempo es lo mismo, por eso te exhorto a escribir tus experiencias, ya que Dios podría darte varias revelaciones para un mismo mensaje, como fue el caso de faraón y los sueños de las siete vacas gordas y las siete vacas flacas y las siete espigas llenas y las siete espigas abatidas (*Génesis 41:1-36*). También podría darte sueños que de tiempo en tiempo van completando el llamado de Dios para tu vida. En otras ocasiones no te dará toda la interpretación de un golpe y en muchas solo cuando acontecen sucesos en nuestras vidas recordamos lo que se nos dijo anteriormente y podemos decir: **ahora entiendo**. A mí me ha pasado y sé que a muchos de ustedes también. **Sus revelaciones presente serán su testimonio del futuro**, escríbanlas.

También debemos tener cuidado de no cambiar ninguna cosas en nuestras revelaciones ya que corremos el riesgo de cambiar el mensaje. En muchas ocasiones por prejuicios o porque queremos sonar bonitos, más interesante, más de acuerdo con la doctrina de nuestra preferencia o con el fin de congraciarnos con el oyente, cambiamos algunos detalles, pero te aseguro que este puede ser un error fatal. Si vamos a compartir nuestras experiencias, debemos mantenernos íntegros a ellas y confiar en que Dios sabe lo que hace. De todos modos te garantizo que nunca lograrás agradar a todos. Si Jesús que fue perfecto no lo logro, nosotros menos.

"Siempre honra a Dios con la verdad y Él te guiará a todo entendimiento"

Las Profecías no son infalibles

Algo que se ha dicho mucho pero que es importante recalcarlo es que debemos mantener en cuenta que los sueños, revelaciones y profecías no son infalibles, estos pueden fallar o equivocarse. No todos los sueños, visiones y profecías provienen de Dios. Por otro lado, algunas profecías pueden cambiar, debido a las intercesiones o arrepentimiento como lo fue la profecía a la ciudad de Nínive.

Jehová le dijo al profeta Jonás que les dijera a los habitantes de Nínive que en cuarenta días su ciudad seria destruida. Los hombres y el rey de Nínive creyeron el mensaje y se arrepintieron y viendo Dios que se convirtieron de su mal camino; se arrepintió del mal que había dicho que les haría, y no lo hizo (*Jonás 2:1-10*).

Si bien **el amor de Dios no invalida Su juicio, Su misericordia sí.** Por más que Dios nos ame, Él no deja sin castigo al que mal obra, pero cambia de parecer ante un corazón sinceramente arrepentido.

Las profecías son para tiempos específicos, las profecías se acabarán (*1 Corintios 13:8*), El cielo y la tierra pasarán, pero la Palabras de Dios no pasarán (*Mateo 24:35*), solo Las Sagradas Escrituras son infalibles. Por lo que otra manera de comprobar la veracidad de las profecías es confrontarlas con la Palabra, si no está de acuerdo con La Biblia entonces o no los interpretaste bien o no vienen de Dios, pues Dios no se contradice.

Piensa en esto: el Espíritu Santo es el autor de La Biblia, y es Él mismo quien habla a través de los profetas, entonces ¿se contradeciría el Espíritu Santo? No. Él siempre tendrá armonía en lo que inspiró para escribir y decir (*2 Pedro 1:21*).

¿Cómo identificar un verdadero profeta?

En cuanto a identificar un verdadero profeta solo tienes que evaluar silenciosamente si el profeta cumple con las características que la Biblia nos enseña acerca de un profeta de Dios.

1. Un profeta es un vocero, un portavoz de Dios, este comunica la Palabra y la voluntad de Dios. Es un ser llamado por Dios, separado para Dios, revestido del poder de Dios para transmitir Sus mensajes al pueblo de Dios y al mundo, bajo el impulso directo del Espíritu Santo. Este llamado no se hereda, no se es profeta por tener padres profeta, sino que es el mismo Dios quien selecciona (*Juan 15:16*). En la antigüedad a los profetas también se les llamaba videntes ya que estos tenían la capacidad de ver e interpretar cosas espirituales que a los ojos y al entendimiento del hombre natural son incomprensibles (*1 Samuel 9:9*).

2. El profeta es una persona que ama a Dios, ama la verdad, es valiente, fiel, diligente responsable y obediente a la Palabra de Dios, con el único interés de agradar a Dios. Con el único propósito de apoyar el plan de salvación de Dios, exponiendo la verdad del evangelio de Cristo, ex-

hortando al arrepentimiento, consolando y restaurando la familia humana.

3. El profeta muestra, sin hacer alarde, una íntima, autentica y estrecha relación con Dios, muestra compromiso y dependencia de Dios, pasa la mayoría de su tiempo en la presencia de Dios, que da como resultado que el carácter de Dios se valla reflejando en el más y más.

4. El profeta tiene la capacidad dada por Dios para ungir, hacer milagros, para ver el reino espiritual, para enseñar la Palabra, instruir, corregir, exhortar, edificar y prever o advertir acerca de los acontecimientos futuros. Todo esto debe ir acompañado de lo demás, por lo que si se levanta un profeta haciendo milagros pero te dice palabras que no están de acuerdo con la Biblia entonces no es verdadero (*Deuteronomio 13:1-3*), se puede dar el caso de que sea inmaduro y con poco conocimiento aún, pero el profeta debe conocer la Palabra de Dios (*1 Corintios 14:37*), por esto la necesidad de dejarse preparar antes y obedecer al Espíritu siempre pues las profecías nunca deben contradecir las Santas Escrituras .

5. El profeta no es fácilmente engañado por las apariencias externas ya que mira las cosas desde la perspectiva de Dios, pero si llegara a equivocarse siempre estará dispuesto a corregir su error humildemente. Aunque algunos profetas en sus inicios podrían cometer algunos errores debido a la inexperiencia, aun así Dios siempre respaldará Su palabra que envíe a través de ellos.

6. Un verdadero profeta nunca recurre a ningún tipo de adivinación, su fuente del mensaje profético es Dios mismo (*2 Pedro 1:21*), por lo que no puede equivocarse (*Ezequiel*

12:25), este tiene un cien por ciento de éxito en lo que predice. *Si el profeta hablare en nombre de Jehová, y no se cumpliere lo que dijo, ni aconteciere, es palabra que Jehová no ha hablado... (Deuteronomio 18:22)*.

7. El profeta debe mostrar dominio propio, este tiene la capacidad de decidir cuándo hablar o cuando callar, pues los espíritus de los profetas están sujetos a los profetas (*1 Corintios 14:32*). Este nunca adapta su mensaje para satisfacer los deseos de la gente, para ser popular o para obtener dinero (*Miqueas 3:11*).

8. El profeta habla con sencillez de corazón y palabras, con claridad para darse a entender al pueblo, es por eso que en muchas ocasiones los profetas describían los atributos de Dios comparándolos con el hombre, lo que ha dado como resultados que algunos falsos maestros expongan las escrituras incorrectamente. Por ejemplo cuando se habla del celo y la venganza de Dios muchos han blasfemado el nombre de Dios acusándolo de ser un Dios iracundo e incapaz de gobernar Su creación, un Dios egocéntrico y preocupado por la reverencia que se le debe rendir, pero realmente lo único que Las Escrituras quieren expresar con estas palabras es la justicia divina, porque Dios es un juez Justo y perfecto. El único deseo de Dios es revelarse a Su pueblo y tener una relación personal con él.

9. El profeta verdadero mantiene su integridad, este da el mensaje de Dios sin alteraciones, aunque para esto tenga que sufrir pérdidas, vergüenzas, o daño físico (*1 Reyes 22:26-27*), (*Jeremías 38:3-6*). Este tiene la capacidad para enfrentar persecución u oposición sin acobardarse y elogios o seguidores sin envanecerse (*Hechos 20:24*). No

es un ser perfecto pero permite que el perfecto, Dios, gobierne y administre su tiempo y su vida en todas las arias. No se trata de que esté con Dios, sino que Dios vive en él (*Gálatas 2:20*).

10. El profeta debe dejarse preparar (*1 Samuel 19:20*) y guiar constantemente por el Espíritu Santo o corre el riesgo de ser acusado de ser falso. Si el profeta es de Dios y es acusado de ser falso entonces muestra **paciencia** y permanece en **paz** sabiendo que tarde o temprano todo sale a la luz. *Porque no hay nada oculto que no haya de ser manifestado; ni escondido, que no haya de salir a luz* (*Marcos 4:22*). Cuando la justicia del profeta es exhibida entonces permanece **humilde** porque sabe que caer en orgullo puede descalificarlo de su llamado.

11. El profeta indaga, inquiere, escudriña e investiga los tiempo y acontecimientos que le son revelados, diligentemente (*1 Pedro 1:10-11*), profetiza palabras bien comprensibles, que se entiendan, con el fin de edificar a la iglesia, profetiza decentemente y con orden (*1 Corintios 14: 4, 9, 27, 31 y 40*).

12. El profeta sabe que es necesario obedecer a Dios antes que los hombre (*Hechos 5:29*), por lo que no tienen temor de enfrentar lo que sea. Y siempre le dará toda la gloria, todo el crédito, todo honor y toda alabanza a Dios. Nunca dirá yo, sino Él.

Llamado departe de Dios para ser Su profeta

Si tú has recibido un llamado de parte de Dios para ser Su profeta y escuchar todo esto te atemoriza, te diré que en un principio es normal que tengas temor, porque no quieres fallarle a Dios, por el que dirán, porque no tienes mucho conocimiento. Tal vez tu pastor u otras personas con experiencia te intimidan.

En el principio ignoras tantas cosas que tienes miedo de hablar, especialmente cuando eres enviado a los que conocen tu vida pasada. Recuerda que Jesús dijo que en su pueblo y en su propia familia el profeta no es honrado (*Mateo 13:57*). Aun así si eres enviados a ellos debes obedecer aunque no te escuchen. Pero los que te escuchen serán bendecido (*Mateo 10:40-42*). También podría ser que al principio no te escuchen, pero al igual que Santiago el hermano de Jesús que terminó siendo uno de sus discípulo, también en tu familia habrán muchos que terminarán sirviéndole a Señor por causa de tu obediencia.

Debes vencer el temor y creer que si fue Dios quien te llamo, el Espíritu Santo estará en ti, te guiará y te instruirá (*Juan 14:17 y 26*). Solo obedece y mantente en absoluta comunión con el Señor, si Dios te envía Él te respalda. Que importa lo que los demás opinen o de lo que te acusen mintiendo (*Mateo 5:11*), pues Dios conoce tu corazón. Recuerda siempre las palabras de Jesús:

... Si a mí me han perseguido, también a vosotros os perseguirán... (Juan 15:20).
... Sin causa me aborrecieron... (Juan 15:25).
... Los expulsarán de las sinagogas... (Juan 16:1).
... Cualquiera que os mate, pensará que rinde servicio a Dios (Juan 16:2).
... En el mundo tendréis aflicciones; pero confiad, yo he vencido al mundo (Juan 16:33).

LA VISIÓN

Estaba yo hincada orando cuando comenzó la visión; vi al Señor que se acercó a mí y me puso una gran cadena y un brazalete de oro, eran tan grande que pensé que mi cuello no aguantaría su peso, pero para mi sorpresa si pude aguantarlo con toda naturalidad.

Pasaron varios días en los cuales le preguntaba al Señor el significado de la visión cuando otra vez hincada orando el Señor volvió a presentarme la visión pero esta vez vi que no solo a mí, sino que habían más personas de rodilla en diferente lugares del mundo y a cada uno se le estaba poniendo una cadena y un brazalete de oro como a mí, luego de esto vi una carretera preparada para una carrera y me vi a mí misma corriendo y llegando a la meta, en el mismo momento que llegaba veía miles de ángeles que bajaban del cielo, cuando pisé la línea que marcaba la meta dos ángeles me tomaron por el brazo y comenzaron a subirme hacia arriba.

Mientras esto ocurría miré hacia abajo y vi cómo otros iban llegando a la meta, unos llegaban corriendo, otros caminando ya muy agotados, otros arrastras, otros heridos, llegaban en diversas condiciones, pero desde arriba también podía ver que unos se rendían y se quedaban en una parte del camino, otros se devolvían y muchos sencillamente decidían no seguir, pero me enfoqué en los que llegaban y habían muchos en muy mal estado pero llegaban a la meta y tan pronto pisaban la línea también eran tomados por dos ángeles y estos lo comenzaban a subir.

Luego decidí mirar hacia dónde me llevaban los ángeles y alcancé a ver una montaña, los ángeles me pusieron en aquel lugar y cuando miré al rededor pude ver que las demás personas también estaban siendo puestas en diferentes montañas en diferentes lugares.

Al día siguiente estando yo de pie adorando al Señor, Él me habló y me dijo: siéntate, cuando me senté me dijo: quiero que recrees nuevamente en tu mente lo que te he mostrado, yo sabía que me hablaba de la visión y cerré mis ojos y comencé a repasar otra vez todo lo que había visto, cuando llegué a la parte donde estaba en la montaña empecé a ver que la cima de la montaña era un gran valle y tan pronto llegamos todo comenzó a tomar otra forma.

Vi más ángeles que bajaban e iban formando una muralla en todo el rededor de la montaña, podía ver la muralla y los ángeles al mismo tiempo y también podía ver las demás personas que llegaban a las diferentes montañas. Dentro de las montañas había ángeles con batas de doctores blancas y tan pronto las personas eran depositadas en las montañas estos ángeles las sanaban, las limpiaban y les ponían ropas limpias, no sólo cambiaba el aspecto de las personas, pero también comenzaban a sonreír con mucha felicidad. Luego que estaban totalmente restablecidos eran conducidos a una parte de la montaña donde se levantaba un templo. Pude verme a mí misma cuando era conducida hacia ese lugar y el templo tomaba forma delante de mí a medida que avanzaba y pude verlo completamente y así mismo ocurría en las demás montañas.

Al igual que todos yo contemplaba admirada el templo y todas las cosas, inclusive sonreía y miraba a los ángeles que me acompañaban. Me quedé un buen rato mirando la puerta del templo, estaba disfrutando todo sin prisa hasta que la visión terminó.

El mundo anhela calladamente encontrar a alguien real, alguien verdaderamente integro, que hable verdad y que viva esa verdad, alguien cuyo fruto del Espíritu claramente evidente no deje lugar a duda de que está realmente interesado por el bienestar de la humanidad, alguien que sea verdaderamente un ungido de Dios, alguien a quien pueda unirse para juntos traer restauración y alegría a la humanidad.

Dios conoce este deseo y en este tiempo al igual que en los tiempos del pueblo de Israel, cuando el pueblo clamaba angustiado a causa de la opresión de los egipcios, Jehová preparó y mandó a Moisés para liberar a Su pueblo y que este pudiera adorarlo libremente. También en los tiempos donde fue necesario que Dios levantara un Martin Lutero que trajera reformas a la iglesia.

Así también *"Dios ha elegido a alguien, quien a través de Cristo ha sido ungido por el Espíritu Santo para traer restauración, libertad, reforma y avivamiento a la iglesia de Cristo. Esto a su vez afectará poderosamente a las naciones, producirá crecimiento dentro del pueblo y restaurará todo lugar por donde pase."*

Esta persona no estará sola sino que será acompañada por todos aquellos que han orado silenciosa y angustiadamente para que estas cosas ocurran, estos son los que aman a Dios, aman la justicia, los que tienen la misma característica de Jesús y el mismo deseo de restauración.

Hay un grupo de hermanos que aunque tienen pocas fuerzas debido a las grandes luchas que han pasado a manos de otros cristianos que están bajo la influencia del enemigo, aun así han permanecido fieles, en oración, no han perdido **La Esperanza** y siguen creyendo que algo Dios hará.

Estos han guardado pacientemente **La Palabra** de Dios y **no han negado al Señor**, por lo que el Señor los cubrirá y les dará todo lo necesario para vencer toda lucha contra el enemigo.

Hay otro grupo pequeño de personas donde la mayoría son mujeres y niños en el espíritu, pero poseen un gran **Amor** por las almas y se han determinado a arrebatárselas al enemigo, para Cristo. Aunque son pocos en cantidad y han pasado por grandes tribulaciones y prueba, tienen una gran **Fe** y están decididos a pelear la buena batalla de la fe.

Estos no vivirán para sí mismos, sino para Cristo. Estos obedecerán a Dios sin preocuparse por sí mismo y sin buscar el ser aprobado por los demás, el Espíritu Santo dará testimonio de ellos cuando sea necesario. No negociarán con el hombre, no serán confundidos, no se avergonzarán, ni tendrán temor, sino que lucharán fielmente y entenderán que lo hacen para Dios y por la humanidad.

Estas personas han crecido en fe y paciencia, por lo que no actuarán prematuramente, sino que esperarán confiadamente la hora del Señor. Entenderán que por más nobles que sean sus intenciones, jamás deben caminar sin la cobertura y la guía del Espíritu Santo, pues fuera de Él nada podemos hacer, separados de Él no llevaremos frutos.

Estas personas caminarán con Dios, demostrarán el poder de Dios, abrirán caminos para el arrepentimiento, guiarán a muchos a la salvación, prepararán fielmente a la iglesia, enseñarán la verdadera devoción a Dios, y le enseñarán al mundo que Jehová es el único Dios verdadero.

Estos grupos serán tomados por el Señor y serán vestidos completamente con las armaduras y entrenado correctamente para usar sus armas para vencer. Estos saben que hay hermanos que están heridos y desalentados, otros con poca fe y esperanza, otros que no están muy bien equipados ni entrenados y muchos que no tienen nada, pero que están dispuestos a pelear, por lo que saldrán a su encuentro y se unirán.

Estos lucharán para que los que han sido engañados y aprisionados en cárceles de vergüenza, culpabilidad y condenación, sean **liberados**. Muchos en la iglesia serán **levantados, restaurados y purificados**, luego se unirán para seguir la búsqueda de almas.

Los ojos de muchos **serán abiertos** y reconocerán de donde han caído y sabiendo que fueron engañados, se armarán de valor y se determinarán a no caer nunca más y a utilizar la lección aprendida como una herramienta para ayudar a otros a levantarse. La experiencia adquirida de haber sido engañados los determinará y les dará el valor necesario para ponerse en pies y luchar.

Los oídos de otros **serán abiertos** y saldrán de su letargo y de su vida egoísta, decidirán dejarse dirigir por el Espíritu Santo y creer que fuera de sus congregaciones grandes y lujosas existen personas que necesitan ser salvas. Estos también se unirán para rescatar las almas.

Las heridas sanarán y muchos decidirán salir de las cuevas donde se habían escondido cuando salieron huyendo a causa de las heridas recibidas. Estos se determinarán y su determinación los hará recuperar la fe, la esperanza y el amor que habían perdido a raíz de la amargura adquirida por falta de perdón.

Hay otros que no fueron heridos pero que debido a la vana gloria y los afanes de estos tiempos salieron huyendo tan pronto fueron atacados por el enemigo, pero estos regresarán, tomarán sus armas y avivarán su fe, porque han entendido que sus vidas lejos del Señor carece de sentido, y han decidido unirse a la lucha por las almas. Muchos de doble ánimo se afirmarán, lo torcido se enderezará y caminarán firmes nuevamente.

Grandes victorias se obtendrán, pero no se descuidarán creyendo que están firmes, sino que estarán alerta para no caer. Entenderán que no hay situación que no se pueda vencer, pero que es necesario hacerlo dependiendo de la guía del Espíritu Santo, por lo que estarán atentos en oración para recibir Sus instrucciones y llevarlas a cabo tal y como les fue dada.

Tendrán cuidado de los lisonjeros que hacen caer a muchos que han escalado altos niveles espirituales y luego han caído en orgullo por causa de las adulaciones. Además sabrán que hay potestades que solo se pueden vencer manteniéndose en la presencia del Señor y que hay huestes de maldad en las regiones celestiales que solo el mismo Señor puede vencer.

No tomarán en cuenta a los que aun teniendo algo de visión y algo de Dios en ellos son esclavos del enemigo, pues usan mal lo que se les ha dado y en vez de recibir los siervos de Dios los acusarán de ser instrumentos de Satanás vestidos de ángeles de luz para engañar y lograrán convencer a muchos, pero no por mucho tiempo pues el Espíritu Santo dará testimonio de que son verdaderos siervos de Jehová.

Los siervos de Cristo entenderán que su lucha no es contra los seres humanos, sino con los malos espíritus que controlan las vidas de estos seres humanos, por lo que serán sabios en derribar los demonios sin hacer daño a las personas. Y entendiendo que muchos aún después de ser libertados poseen las costumbres adquiridas en el tiempo que sus vidas eran gobernadas por el enemigo, tendrán la paciencia y la tolerancia para trabajar hasta que sus mentes sean renovadas y sus acciones sean producto de la obra del Espíritu Santo en sus vidas.

Los siervos de Cristo serán **"Ungidos para la Verdadera Unidad"** y a medida que se vayan uniendo de manera espiritual para arrebatarle las almas al enemigo, su fe irá aumentando y se convertirá en una fe solida e inamovible. Todos se ayudarán entre sí, de acuerdo a los dones que hayan recibido del Espíritu Santo. Serán reconocidos por su unidad, no tendrán temor, mostrarán a Cristo, no vivirán para sí mismos, sino para Dios, serán epístolas vivientes, porque la Palabra de Dios estará escrita en sus mentes y sus corazones, usarán la autoridad correctamente, serán luz, serán un rio de agua viva y pura, serán uno con Cristo.

Los verdaderos discípulos serán **"Ungidos para Amar"** serán conocidos por su amor a Dios, al prójimo como a sí mismo, amarán la creación de Dios, la verdad y la justicia.

La superioridad, la competencia y la ambición por los dones y los ministerios serán cosas del pasado, todos entenderán que somos uno en Cristo y que el don o la posición no definen su valor, sino que tanto los dones como el llamado son por causa del propósito que Dios tiene para nosotros, para la labor que como siervos desempeñamos para Cristo, por lo que cada quien estará contento con lo que Dios haya designado para cada uno.

Muchos serán entrenados en la Palabra y conocerán las verdades bíblicas, pero no las usarán incorrectamente, sino que debido a las experiencias pasadas usarán **La Sabiduría** de manera que podrán declarar estas verdades sin hacerle daño a los hermanos y al mismo tiempo modelaran estas verdades humildemente, dando ejemplo de que si se puede.

Todos recibirán una alimentación adecuada, de acuerdo al nivel de crecimiento. Cada uno poseerá su armadura y a medida que vayan creciendo su armadura crecerá con ellos. Estos hombres y mujeres de Dios desempeñarán su labor con amor, excelencia e integridad, serán perfectos, enteramente preparados para toda buena obra (*2 Timoteo3:17*).

Todos desarrollarán el carácter y destrezas excelentes con la que derribarán fortalezas. Crecerán hasta llegar a la talla del varón perfecto, a la medida de la estatura de la plenitud de Cristo, todos llegarán a la perfecta unidad de la fe y del conocimiento del Hijo de Dios (*Efesios 4:13*).

Pero con todo esto no se confiarán ni se descuidarán, sino que sin remover el fundamento que es Cristo, permanecerán creciendo en la Palabra, en la Fe y el Amor, con sabiduría, porque saben que muchos llegaron a este nivel pero que se confiaron y se descuidaron, pensaron que ya no necesitaban más, por lo que muchos cayeron de nivel espiritual y otros se convirtieron en esclavos del enemigo nuevamente.

Ninguna arma forjada prosperará en contra de ellos y condenarán toda lengua que se levante contra ellos. Si alguien conspirare contra ellos, delante de ellos caerá, y si así hiciere lo hará sin el respaldo de Dios (*Isaías 54:15, 17*). Pero nunca verán a las personas que le hagan la guerra como sus enemigos, sino al mal que los esclaviza, sabrán y entenderán que los verdaderos enemigos son los poderes de las tinieblas y contra estos lucharán, hasta alcanzar la liberación de los que han de ser salvos.

Ya no vivirán ellos, sino que Cristo vivirá en ellos, su obediencia será perfecta y por encima de cualquier circunstancia, aun cuando parecía que el Señor los hubiera abandonado, que no los escucha o que no los ama, confiarán y **creerán en el amor de Dios**, en que toda situación adversa obrará para bien, que todo es parte del propósito, que Dios tiene el control y que al final todo saldrá perfecto.

Estos que estuvieron dispuestos a perder su vida por causa del Señor, la encontrarán. Porque entenderán que haber conocido a Dios y a Su Hijo es la vida eterna.

Las instituciones y las doctrinas que han tenido a muchos bajo la esclavitud espiritual, serán destruidas.

Quedan muchas luchas por librar para que en la iglesia reine la justicia perfecta de Dios y para que Su reino sea establecido en su totalidad en la tierra, **pero Dios mismo traerá exaltación a la iglesia y liberación total en la tierra.**

Jesús regresará por Su novia, por la iglesia y es necesario que la encuentre lista para la boda. La novia debe permanecer firme, fiel y anhelante de ese día, trabajando para ese momento, preparando su vestido de novia y lista para morar en La Nueva Jerusalén.

Así que: **"Iglesia Levántate y Caminemos a Jerusalén."**

Acerca de la Autora

Nací en Higüey, Republica Dominicana, el 23 de mayo de 1974. Mi padre, Inocencio Rodriguez y mi madre Benita Garrido de Rodriguez, los cuales al casarse procrearon cuatro hijos, Anlli, Juan Miguel, Marisela y Grisel, siendo yo la tercera de los cuatro.

Desde muy pequeña puedo recordar el haber tenido una niñez difícil, ya que había una marcada diferencia de mis padres en trato y muestra de afecto entre mis tres hermanos y yo. A raíz de esto me convertí en una niña melancólica que lloraba todas las noches en el piso de mi habitación clamando por ayuda a un Dios que había escuchado que existía pero que no estaba segura si era cierto, por lo que me aventuraba a decir: "si es verdad que existes ayúdame, porque la gente mala sufre mucho y yo no quiero sufrir". Estaba totalmente convencida de que ser mala y vengarme no era la solución ya que podía observar que a pesar de que la gente buena pasaba por momentos difíciles, las malas realmente sufrían más, porque su sufrimiento venía desde adentro.

A la edad de ocho años tuve una experiencia que marcaría para siempre la trayectoria de mi vida. Al igual que cada día, una vez que todos dormían, me tiré al piso y di rienda suelta al llanto pensando en los sucesos diarios de mi vida y clamando por ayuda al Dios desconocido. Esa noche lloré hasta el cansancio y de repente entró una luz a mi habitación, la luz tenia forma de hombre y llegaba hasta el techo. Intuí que era alguien pero el resplandor de la fuerte luz no me permitía ver, por lo que comencé a preguntar ¿Quién eres tú? Y a decirle ¡yo quiero verte! Mientras repetía esto la luz comenzó a desvanecerse y comencé a verlo desde los pies hasta el cuello, su rostro permaneció como un sol, pero yo seguí insistiendo en que también quería ver su cara y después de un rato pude verlo completamente. Comenzamos a conversar y le pregunte su nombre a lo que me contesto: **¡Mi Nombre es Jesús, quiero que camines conmigo, Yo quiero que seas Feliz!** En este momento no te contaré todos los detalles de esta experiencia y muchas más que siguieron después de esta, pero lo que si te puedo decir es que a partir de ese día en vez de llorar hablaba con Él, le contaba todas las cosas que me sucedían durante el día y Él me decía lo que debía hacer y me contaba muchas cosas que sucederían en el futuro.

Muchas de las cosas se las contaba a mi madre y luego que se iban cumpliendo comenzaron a llamarme brujita, lo que me hizo candidata perfecta para ser elegida por mi abuela materna, cuando ella muriera, para seguir con un servicio que ella le daba a los que ella llamaba "seres". Mi abuela tenía una habitación con un altar lleno de cuadros y decía que estos eran santos. Estos seres la poseían y hacían grandes sanidades a través de ella y todos crecimos creyendo que de verdad eran santos, pero un día a la edad de catorce años se me ocurrió entrar a la habitación en un momento donde ella estaba poseída por uno de estos seres y le pregunté ¿Quiénes son ustedes? Y el ser que estaba en ella me contestó: nosotros somos ángeles que fuimos arrojados del cielo por desobediencia. Desde ese día mis ojos fueron abiertos y aunque hice silencio, dentro de mí entendí que estos no eran santos y comencé a pedirle a Dios que me ayudara a encontrar la verdad. Desde ese día decidí que nunca le serviría a esos seres.

A la edad de dieciséis años decidí convertirme y a raíz de esto mi padre me echó de la casa, pero mi madre se enfermó y mi padre me mando a buscar para que regresara. Unos meses más tarde mi padre murió y yo tomé la decisión junto con mi madre de hacernos cargo de la provisión de la casa. Comencé a trabajar de día y de noche y ya no tenía tiempo de hablar con mi amiguito Jesús, como yo lo llamaba. Comencé a experimentar un profundo vacío y la tristeza retornó a mi vida. Creí que tal vez un hijo podría llenar ese vacío que me embargaba, así que lo decidí y le di marcha al plan, pero por supuesto esto no incluía casarme, también estaba determinada a no pasar por todo el sufrimiento que mi madre pasó con mi padre.

A los dieciocho años di a luz mi hermosa hija, Diana, y aunque me dio un motivo para vivir y luchar el vacío permaneció ahí. Luego mi hermana menor, mi madre y yo nos mudamos a los Estados Unidos donde tuve mi segunda hermosa hija, Gabriela. Ya para este entonces comencé, nuevamente, a llorar cada día como en mi niñez, por lo que comencé a buscar a mi amiguito Jesús otra vez y a pedirle que organizara mi vida y así lo hizo.

A los veintitrés años conocí a mi esposo, Tomas, tuvimos dos hermosos hijos, Tommy y Minerva, naciendo esta última con parálisis cerebral. A pesar de esto parecía que todo iba de bien a mejor, pero mi abuela se enfermó y a través de un sueño el Señor me dijo que ella iba a morir. Viajé a mi país natal y hablé con ella para decirle que yo no recibiría la herencia que ella quería dejarme, que yo nunca iba a servirle a esos seres. Efectivamente mi abuela murió y estos espíritus comenzaron a acosarme y a amenazarme para que yo les sirviera. Hicieron de mi vida un infierno, hasta mis treinta y dos años estuve luchando con ellos sin entender yo muchas cosas, pero firme en mi decisión, nunca le serviría páseme lo que me pase y así lo declaraba cada vez con más entereza, pues solo lograron que yo confirmara que realmente eran malos. Mi esposo y yo perdimos todo lo que teníamos, quedamos literalmente en la calle. Tuvimos que separarnos, él se quedó en casa de sus padres y yo tuve que irme a la República Dominicana con mis cuatro hijos, todavía me quedaban muchos días de situaciones dolorosas, pero esta vez sería diferente, fui bautizada por el Espíritu Santo, quien trastorno mi vida en una forma que todos creían que me había vuelto loca. Comenzaron una serie de hechos sobrenaturales en mi vida que me han llevado a donde estoy en este día.

Actualmente, junto a mi esposo y en obediencia voluntaria a la guía del Espíritu Santo, entre tantas cosas que el Señor me ha pedido hacer en estos últimos años de mi vida, misiones proféticas, evangelización, conferencias de enseñanzas, escribir y fundar la "Iglesia Caminemos A Jerusalén" en la ciudad de La Romana en República Dominicana, la cual debido a la creciente necesidad, nos ha impulsado a lo que por este medio iniciamos: una etapa más de lo que es nuestro servicio al Señor a favor de Su creación que Él tanto ama.

He sido llamada por Dios Padre con un ministerio Apostólico - Profético para traer, a través de Su Hijo Jesús, Salvación, Liberación, Sanidad, Restauración, Edificación, Exhortación, Consolación y Transformación al mundo entero. En el año 2010 me habló y me dijo: **"Levántate y lleva Mi Pueblo a Jerusalén"** y le respondí: Señor no sé cómo puedo yo hacer esto, Tu pueblo es muy grande y está regado en el mundo entero, pero si Tú me dices como, yo lo haré para Tu gloria. Al igual que en lo oculto fui formada por nueve meses en el vientre de mi madre, también en lo oculto fui formada por treinta y dos años por el Señor, para cumplir con lo que Dios me ha encomendado para este tiempo.

REFERENCIAS

BIBLIA PLENITUD (Biblia de estudio). Versión Reina Valera, 1960 © 2007 por Grupo Nelson

DICCIONARIO BÍBLICO ILUSTRADO HOLMAN. Edición General: S. Leticia Calcada. ISBN: 978-0-8054-9490-7

EL PEQUEÑO LAROUSSE ILUSTRADO. © 2007 Diccionario Enciclopédico Ediciones Larousse, S. A. de C.V. (Decimotercera Edición).

NUEVA CONCORDANCIA STRONG EXHAUSTIVA. James Strong, L.L.D; S.T.D. ISBN: 0-89922-382-6

NUEVO DICCIONARIO BÍBLICO CERTEZA (Segunda edición). Ediciones Certeza Unida.

OTROS TÍTULOS DE LA AUTORA
EN ESTE MISMO SELLO EDITORIAL

Conoce al Dios Verdadero
Jehová tiene un mensaje para ti

Escrito con la intención de dar a conocer a Jehová. Su Amor. Su Poder Su Misericordia. Su Soberanía Su Fidelidad. Su Sabiduría. Su Propósito. Su Ira. Su Justicia. Su Eternidad.

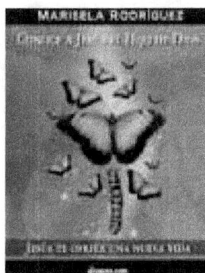

Conoce a Jesús el Hijo de Dios
Jesús te ofrece una nueva vida

Escrito con el propósito de darte a conocer el amor de Dios, quien a través de su Hijo quiere darte todo lo que tú necesitas para iniciar una nueva vida, llena de paz y gozo.

Conoce al Espíritu Santo de Dios
El Espíritu de Jehová quiere ser tu amigo

Escrito para aquellos que creen que el Espíritu Santo es algo lejano y extraño. Yo también alguna vez lo creí. El Espíritu de Dios está sobre mí y me ha ungido para cambiar mi vida.

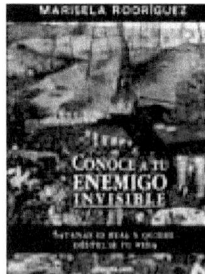

Conoce a tu enemigo invisible
Satanás es real y quiere destruir tu vida

No permitas que Satanás te siga engañando para usarte y destruirte; para que, sin que te des cuenta, lo ayudes con sus propósitos de destruir a la creación de Dios y a ti mismo.

Conoce el Propósito de Dios
Jehová quiere que seas parte de su Propósito

La soberana voluntad de Dios, indudablemente será hecha.

1. Todo lo que Dios creó, lo creó para Su Hijo.

"Jesús reinará sobre la tierra, eternamente y para siempre"

2. Dios hizo un Jardín en Edén, un paraíso en la tierra.

"La tierra será restaurada, será convertida en un paraíso nuevamente"

3. El Jardín de Edén fue creado para humanos perfectos.

"La tierra se llenará de humanidad perfecta y pacífica"

Consígalos en *elaleph.com, Amazon.com, Barnes & Noble* y en una amplia red de librerías digitales del mundo.

www.ingramcontent.com/pod-product-compliance
Lightning Source LLC
LaVergne TN
LVHW051744080426
835511LV00018B/3221

ISBN 978-1-909455-02-3

Printed by Lightning Source.

© **2012 Dived Up Publications**. All intellectual property and associated rights are hereby asserted and reserved by Dived Up Publications in full compliance with UK, European and international law. No part of this book may be copied, reproduced, stored in any retrieval system or transmitted in any form or by any means, including in hard copy or via the internet, without the prior written permission of the publishers to whom all such rights have been assigned worldwide.

Cover photo © Carson Grandi / Pocketstock.

Published 2012 by
Dived Up Publications
Oxford, United Kingdom
Email info@divedup.com
Web www.DivedUp.com

DIVED UP

FIT FOR UNDERWATER EXPLORING